A ORIGEM DO MAL
Verdade Bíblica Oculta
à Vista de Todos

Dr. Yeral E. Ogando

Dedicatória

Este livro é dedicado a todos aqueles que buscam a Verdade em Yahuah, e àqueles a quem Yahuah Elohíym já abriu os olhos e o entendimento. Que Yahuah lhes conceda sabedoria e discernimento ao ler estas páginas, criadas com o propósito de trazer clareza ao povo de Yahuah em todas as nações. Este livro não é para os cegos nem para os guias cegos, que jamais entenderão ou verão a verdade, ainda que a tenham diante de seus olhos. Pois, afinal, este livro não pertence à linhagem de sangue nefelina, mas à linhagem espiritual e pura de Yahuah, manifestada em Yahusha Ha Mashíyach.

Nós, porém, que servimos a Yahuah, não fomos chamados para crer sem investigar, orar e discernir, mas sim para crer depois de examinar todas as fontes — dentro e fora deste livro. Então, somente depois de orar, devemos aceitar o que o ruach de Yahuah confirmar como verdadeiro.

Tudo bem se você não concordar com tudo o que está aqui exposto; compreendo que alguns precisarão de anos para entender, enquanto outros já possuem uma semente de conhecimento que vem de Yahuah.

Esta obra é dedicada aos chamados por Yahuah Elohíym e redimidos por Yahusha Ha Mashíyach.

"Examinem todas as coisas; retenham o que é bom." 1 Thessalonikéfs (1 Tessalonicenses) 5:21

A ORIGEM DO MAL
Verdade Bíblica Oculta à Vista de Todos

Uma reconstrução cronológica da origem, expansão e destino do mal segundo as Escrituras restauradas. Desmantelando as mentiras do inimigo.

INDICE DEI CONTENUTI

Introdução

Desde o princípio da criação, o propósito de Yahuah foi manifestar Sua luz, Sua verdade e Sua justiça em toda a criação. No entanto, desde os primeiros dias da humanidade, o inimigo semeou o engano e, assim, começou a história não contada do mal — uma história que foi deturpada, ocultada e reinterpretada pelos homens, pelos anjos caídos e pelos reinos das trevas que buscam distorcer a verdade revelada.

No Yarden (Jardim do Éden), Gadreel — não o adversário comumente descrito pela religião moderna — foi quem seduziu Chawwâh (Eva) e a conduziu ao pecado. "E o Nâchâsh disse à mulher: Não morrerás..." (Bereshith/Gênesis 3:4). Desde aquele instante, a humanidade ficou presa em uma rede de corrupção espiritual que se expandiu ao longo dos séculos.

Os anjos Vigilantes (Nephîyl), mencionados em Chănôk (Enoc) e confirmados nas Escrituras, desceram com o propósito de instruir a humanidade, mas, ao experimentarem a vida como humanos, mudaram seu propósito e passaram a gerar descendência. Esses seres foram seduzidos, enganados e levados a rebelar-se contra o mandamento de Yahuah. De sua união com as filhas dos homens nasceram os Nefelím — criaturas híbridas, sem o alento (ruach) de Yahuah, totalmente inclinadas ao mal. "Havia Nephîyl na terra naqueles dias, e também depois que vieram os filhos de ĔLÔHÎYM às filhas dos homens, e lhes geraram filhos" (Bereshith/Gênesis 6:4). De sua existência surgiram os demônios, espíritos sem descanso que vagam buscando corpos que possam possuir, pois não pertencem nem ao céu nem à criação de Yahuah.

Mais aditante, Yahuah enviou o dilúvio, o qual foi não apenas uma catástrofe física, mas uma purificação espiritual. Oito almas foram preservadas — Noach, sua esposa, seus três filhos e suas esposas

— para guardar a semente santa, a única que conservava o ruaḥ de Yahuah. "E eu, eis que trago um dilúvio de águas sobre a terra, para destruir toda carne em que há rûach de vida debaixo do céu; tudo o que há na terra morrerá." (Bereshith/Gênesis 6:17). Porém, mesmo depois do dilúvio, um remanescente nefelino sobreviveu e se estabeleceu nas regiões de Ararat (arrat) e Babel.

Foi nos dias de Qeynan (Cainan), descendente de Noaḥ (Noé), que a maldade voltou a florescer. Qeynan encontrou os ensinamentos antigos dos Vigilantes, os copiou e os ensinou aos homens, reintroduzindo a magia, a idolatria, a feitiçaria e as ciências proibidas. De Babel, o centro da rebelião, surgiu a torre, símbolo do orgulho e da confusão. "E YAHUAH desceu para ver a cidade e a torre que edificavam os filhos dos homens... e confundamos ali as suas línguas" (Bereshith/Gênesis 11:5-9). Assim foram espalhados os Vigilantes e o seu remanescente, que mais tarde dominariam as nações vizinhas, entre elas, Sodoma e Gomorra, cidades corrompidas pela semente nefelina.

Dessa linhagem surgem os Chasmoniym, pais dos filisteus, e mais adiante os fariseus, saduceus e essênios, que herdaram o mesmo sangue nefelino. Eles usurparam o templo, corromperam o sacerdócio e se levantaram contra Yahusha ha Mashíyach, o Filho de Elyôn. "Vocês são do seu pai, o Diábolos, e os desejos do seu pai querem cumprir" (Yôchânân/João 8:44). Neles se cumpriu a profecia: os filhos do Nâchâsh perseguindo o Filho do Homem.

Maśṭêmâh, príncipe dos demônios, não é um espírito errante, mas um ser físico, um anjo com corpo, que opera como cabeça do remanescente nefelino. Desde Mitsrayim (Egito) até Roma, seu domínio tem se estendido sob diferentes formas, oculto em religiões, filosofias e reinos humanos.

Com o tempo, Babel se reencarnou no Império Romano, sob Constantino, que misturou os ensinamentos nefelinos com o nome do verdadeiro Êlôhîym, criando uma religião universal falsa. Dessa maneira, Babel voltou a devorar as nações com suas mentiras, corrompendo o nome sagrado de Yahuah e substituindo-o por ídolos e doutrinas de homens.

Esta obra revela que o mal não nasceu da carne humana criada por Yahuah, mas da mistura entre o celestial e o terreno. E, assim como sua origem foi uma união proibida, o seu fim será uma separação definitiva: o juízo de Yahuah sobre os reinos das trevas. Este livro desmascara as mentiras, expõe a genealogia do engano e anuncia o cumprimento final do plano de redenção.

Capítulo 1
A Criação e a Primeira Queda
(O princípio da ordem... e do caos)

1.1 Criação de todos os espíritos no primeiro dia da criação

(O princípio do mundo invisível e a natureza eterna dos seres espirituais)

Os anjos receberam o dom da eternidade; de modo que, sendo eternos, não procriam nem se multiplicam.

Chănôk (Enoc) 15:6–7 — "Quanto a vocês, foram primeiro espirituais, vivendo uma vida eterna, imortal por todas as gerações do mundo; por isso não lhes foram atribuídas mulheres, pois a morada dos espíritos do shâmayim é o shâmayim."

Yôbêl (Jubileus) 2:2–3 — "Porque no primeiro dia Ele criou os shâmayim do alto, a terra, as águas e todos os espíritos que O servem: os anjos da presença, os anjos da santificação, os anjos do espírito do fogo, os anjos do espírito dos ventos, os anjos do espírito das nuvens, das trevas, da neve, do granizo e da geada, os anjos das vozes, do trovão e do relâmpago, os anjos dos espíritos do frio e do calor, do inverno, da primavera, do outono e do verão, e todos os espíritos de Suas criaturas que estão nos shâmayim e na terra. Ele criou os abismos, as trevas, o entardecer e a noite, e a luz, o amanhecer e o dia, tudo o que preparou segundo o conhecimento do Seu coração. E então vimos Suas obras e O louvamos, e nos gloriamos em Sua presença por todas as Suas obras, pois sete grandes obras Ele criou no primeiro dia."

1. Shâmayim

2. Águas

3. Anjos

4. Espírito do homem

5. Abismos

6. Trevas

7. Luz

Diferentemente do que nos disseram, as Escrituras não ensinam que todos os espíritos do homem foram criados depois, mas sim no primeiro dia da criação. Todo ser humano que ainda não tomou forma de carne ou sangue, que ainda não nasceu, na realidade foi criado desde o primeiro dia da criação.

Yirmeyâhû (Jeremias) 1:5 — "Antes que Eu te formasse no ventre, te conheci, e antes que saísses da matriz, te santifiquei; te dei por profeta às nações."

Tehīllīm (Salmos) 139:13 — "Porque Tu possuíste minhas entranhas; Tu me cobriste no ventre de minha mãe."

Como podemos ver nesses versículos, os anjos criados também no primeiro dia da criação receberam o dom da vida eterna; portanto, sua natureza não é reprodutiva. Por isso, todos os anjos são masculinos — não existe tal coisa como um anjo feminino, isso não é bíblico.

Todos são masculinos porque a habilidade de procriar ou reproduzir não lhes foi atribuída, mas sim a eternidade nos céus. Os anjos foram criados como servidores ou servos da criação mais preciosa de Yahuah Êlôhîym: o Homem. Os anjos foram criados para nos servir, e não nós para servir aos anjos.

1.2 Criação dos humanos no sexto dia

(O dom da procriação e a conexão com o ruach de Yahuah)

O s humanos, como seres efêmeros e passageiros, receberam o dom único da procriação, para que não se extinguissem na terra, mas continuassem a se multiplicar. Somente ao homem foi dado esse grande presente.

Yôbêl (Jubileus) 2:24–26 — "Depois de tudo isso, criou o homem; o homem e a mulher os criou, e lhes deu domínio sobre tudo o que há na terra e nos mares, sobre tudo o que voa, sobre as bestas e o gado, sobre tudo o que se move sobre a terra e sobre toda a terra; e sobre tudo isso lhes deu domínio. E criou esses quatro tipos no sexto dia. E ao todo houve vinte e dois tipos."

1. Animais terrestres

2. Gado

3. Tudo o que se move na terra

4. Homem

Yahuah se esmerou em Sua criação, estabeleceu todo o cenário necessário para que Sua obra máxima desfrutasse e vivesse com Ele por todos os séculos. E como Sua última obra, então, no sexto dia, criou o homem, Sua criação magnífica. Tudo o que Ele criou do primeiro ao sexto dia, o fez preparando o terreno para trazer o homem à vida e fazê-lo desfrutar do paraíso que Ele havia criado.

Chănôk (Enoc) 15:5 — "Portanto, também lhes dei mulheres para que as fecundem e gerem filhos delas, para que assim nada lhes falte na terra."

Como o homem não recebeu a imortalidade dos anjos, recebeu um dom e um presente único: a capacidade de gerar e procriar filhos na terra, com o propósito de nunca faltar na criação de Yahuah. Essa faculdade, dada apenas ao homem, é o presente mais precioso de toda a nossa existência, cobiçada e invejada por alguns dos anjos.

Recordemos que todos os espíritos dos homens foram criados no primeiro dia da criação, mas somente no sexto dia esse espírito recebeu um corpo e se tornou um ser humano. Esta é a razão pela qual, no texto de Berēshīth (Gênesis), está escrito que homem e mulher foram criados no primeiro dia, mas apenas no sexto dia o homem se tornou um ser vivente.

1.3 Chawwâh no jardim

(A sedução de Gadreel (Gadriel) e a entrada do engano no Éden)

Chawwâh, no jardim, foi seduzida por Gadriel e caiu em tentação: a mulher sucumbiu à insinuação do anjo Gadriel — não de uma serpente — e, por sua vez, compartilhou com o homem o fruto dessa tentação.

Chănôk (Enoc) 69:6 — "E o terceiro se chamava Gadreel... e fez pecar Chawwâh (Eva)...". Como vemos, foi um anjo, não um réptil. O mesmo anjo, mais tarde, uniu-se aos Vigilantes quando eles caíram.

Yôbêl (Jubileus) 3:17–19 — "E depois de se completarem os sete anos que havia passado ali, exatamente sete anos, e no segundo mês, no décimo sétimo dia do mês, o Nâchâsh veio e se aproximou da mulher, e o Nâchâsh disse à mulher: 'Ordenou-te Êlôhîym, dizendo: Não comam de nenhuma árvore do jardim?' E ela respondeu: 'De todo o fruto das árvores do jardim Êlôhîym nos

disse: Comam; mas do fruto da árvore que está no meio do jardim,
Êlôhîym nos disse: Não comam dele nem o toquem, para que
não morram.' E o Nâchâsh disse à mulher: 'Não morrerão, pois
Êlôhîym sabe que no dia em que dele comerem se abrirão os seus
olhos, e serão como deuses, conhecendo o bem e o mal.'"

Sete anos estiveram Adam e Chawwâh no jardim, cultivando-o e sendo cuidados por Yahuah Êlôhîym. O Nâchâsh lança uma pergunta enganosa à mulher, que cai na armadilha e repete exatamente o que ela sabia — havia apenas uma proibição, uma única árvore específica. Se observarmos bem o texto, veremos que a única mentira dita pelo Nâchâsh se deu quando afirmou: "Não morrerão".

A mulher caiu na armadilha, persuadida e não forçada; ao pecar, seus olhos se abriram, e ela conheceu o mal, pois já conhecia o bem. Aquele fruto representava o conhecimento do mal, ou melhor, a desobediência a tudo o que é regra ou bom.

Mesmo depois desse pecado que marcou o curso de toda a criação — cometido originalmente pela mulher e pelo anjo Nâchâsh —, na humanidade (a criação de Êlôhîym) não há mal em si, mas sim as consequências da desobediência; tudo Ele criou bom, de uma grande maneira.

1.4 Gadreel ou Gadriel – Antes dos Vigilantes

(O verdadeiro adversário que introduziu a morte e o erro)

Chănôk (Enoc) 69:6 — "E o terceiro se chamava Gadreel; este é
quem mostrou aos filhos dos homens todos os golpes da morte, e
fez pecar Chawwâh, e mostrou aos filhos dos homens as armas
da morte: o escudo, a couraça, a espada para a batalha e todas as
armas da morte aos filhos dos homens."

Gadreel nunca participou do pecado dos Vigilantes e nunca foi aprisionado. É aquele que conhecemos como adversário. Foi Ele que, mais tarde, aproveitou o pecado dos anjos Vigilantes que se corromperam com as mulheres para transmitir os ensinamentos proibidos à humanidade e/ou aos descendentes dos nefelins. Sua primeira aparição foi no jardim do Éden, no início da criação, criando o primeiro engano, e por essa ação, foi amaldiçoado por Yahuah.

1.5 Expulsão do paraíso

(A consequência da desobediência)

O homem foi expulso do paraíso por sua transgressão, e a entrada do Jardim do Éden foi protegida e escondida para que os humanos não pudessem encontrá-la.

Berēshīṯh (Gênesis) 3:22–24 — "E disse YAHUAH ĔLÔHÎYM: Eis que Âdâm é como um de nós, conhecendo o bem e o mal; agora, para que não estenda a sua mão, e tome também da árvore da vida, e coma, e viva para sempre, YAHUAH ĔLÔHÎYM o lançou fora do jardim do Êden para lavrar a terra da qual fora tomado. E expulsou o homem, e pôs ao oriente do jardim do Êden os Kerûb e uma espada flamejante que se movia em todas as direções, para guardar o caminho da árvore da vida."

1.6 Primeiro assassinato na humanidade

(Qayin contra Hebel: o nascimento do derramamento de sangue)

Q ayin, por ciúmes e inveja, tornou-se o primeiro assassino da raça humana. No entanto, mesmo depois desse episódio, o mal, como essência, ainda não prevalecia sobre a terra.

Yôbêl (Jubileus) 4:2 — "E no primeiro ano do terceiro jubileu, Qayin matou Hebel porque Êlôhîym aceitou o sacrifício de Hebel e não a oferta de Qayin."

Berēshīṯh (Gênesis) 4:3–4 — "E aconteceu, ao passar do tempo, que Qayin trouxe do fruto da terra uma oferta a YAHUAH. E Hebel também trouxe dos primogênitos de suas ovelhas e de sua gordura. E YAHUAH olhou com agrado para Hebel e para sua oferta."

• Min (מן) perîy: Qayin deu parte do fruto ou da colheita que tivera.

• Min (מן) bekôrâh: Hebel deu o melhor, sua primogenitura.

Este foi todo o assunto — não há necessidade de complicar nem procurar chifre em cabeça de cavalo. Qayin não deu o melhor, mas Hebel deu o melhor; portanto, Yahuah aceitou o melhor. Qayin, tomado pelo ciúme, tornou-se o primeiro assassino da humanidade; Hebel, por sua vez, tornou-se o primeiro mártir inocente, perdendo a vida por amor à verdade (dar o melhor a Yahuah).

1.7 Depois do primeiro assassinato: etapa sem demônios nem anjos vigilantes caídos

Mesmo depois de tudo isso, ainda não existia a maldade que cobre e consome a criação. Existia o conhecimento do mal, e, portanto, todo ser humano nascido da criação de Yahuah nascia com esse conhecimento do que é bom e do que é mau; e, ao deixar-se levar pelas emoções, tinha a capacidade de praticar o mal. Entretanto, nesta etapa da humanidade, ainda não existiam demônios nem anjos vigilantes caídos, nem doenças, nem todas as calamidades que viriam depois.

1.8 A primeira invocação do Nome de Yahuah

Passaram-se os tempos de Adam, os tempos de Sheth e, depois, os tempos de Enosh, da descendência de Sheth (não o Enosh da descendência de Qayin). Então, o nome de Êlôhîym foi invocado pela primeira vez na terra.

> *Berēshīṯh (Gênesis) 4:26 — "E a Shêth também nasceu um filho, e chamou seu nome Ěnôsh. Então os homens começaram a invocar o nome de YAHUAH."*

Prestemos muita atenção para não confundir o Enosh da linhagem de Sheth com o Enosh da linhagem de Qayin. Foi somente quando nasceu Enosh da descendência de Sheth que, pela primeira vez, os humanos começaram a invocar o nome de Yahuah — não antes e não da descendência de Qayin.

A geração de Qayin e de Mahalalel passou até chegar à geração de Yarad.

Capítulo 2

A Rebelião dos Vigilantes e a Corrupção da Terra

(Quando os filhos do céu desceram e semearam maldade entre os homens.)

2.1 Os anjos Vigilantes

(Os emissários celestiais enviados para instruir o homem)

O s anjos Vigilantes foram enviados nos tempos de Yarad como embaixadores celestiais para ensinar as leis de Êlôhîym à humanidade.

Yôbêl (Jubileus) 4:15 — No segundo septenário do décimo jubileu, Mahălalêl tomou para si uma mulher, Diynâh, filha de Barakîêl, filha do irmão de seu pai, a qual lhe deu um filho no terceiro septenário do sexto ano. Ele o chamou Yârad, porque em seus dias os anjos de Yahuah desceram à terra, os chamados Vigilantes, para instruir os filhos dos homens e para que fizessem justiça e retidão na terra.

O propósito real pelo qual Yahuah enviou os anjos Vigilantes à terra foi ensinar as leis de Yahuah, para agirem com justiça e retidão na terra. No entanto, ao tomarem forma humana, começaram a ter as mesmas necessidades que os humanos (a criação de Êlôhîym); deixaram-se tentar ou incitar por outros anjos; os Vigilantes também foram tentados e caíram em tentação. Havia anjos por trás tentando convencê-los a fazer o único ato que não podiam nem lhes era permitido: "engendrar ou ter descendência".

Chănôk (Enoc) 69:4–5 — "O nome do primeiro é Yeqon: isto é, o que fez desviar todos os filhos de Êlôhîym, fê-los descer à terra e extraviar-se por meio das filhas dos homens. O segundo se chamava Asbeel: deu maus conselhos aos filhos de Êlôhîym, fê-los desviar-se e macular-se, de modo que contaminaram seus corpos com as filhas dos homens."

Como podemos ver nesses versículos, os cabeças ou líderes que promoveram a corrupção — incitando e enganando os Vigilantes — foram Yeqon e Asbeel. Esses dois líderes angelicais, pouco mencionados, foram a mente por trás da sedução que levou os Vigilantes a contaminarem-se com as mulheres. Os anjos Vigilantes também foram enganados a pecar. Mas por quê?

Chănôk (Enoc) 6:6 — "Eram duzentos no total; os que desceram nos dias de Yârad ao topo do monte Chermôn, e o chamaram Monte Chermôn, porque haviam jurado e se comprometido mediante uma maldição mútua pronunciada sobre ele."

Foi nos tempos de Yarad que os anjos Vigilantes desceram à terra, e mesmo nesse ponto a depravação/corrupção da humanidade ainda não havia começado.

2.2 O pacto do Monte Hermom

(O juramento de rebelião e a criação dos nefelinos)

Quando os anjos Vigilantes vieram à terra para ensinar as leis de Êlôhîym, tomaram forma humana, de modo que seus corpos passaram a ter as mesmas necessidades que os humanos.

Entretanto, a única proibição — o único ato não permitido aos anjos — era engendrar ou procriar, porque são eternos.

Mas esses anjos, convivendo com os humanos e vendo a formosura das mulheres, e sendo convencidos a experimentar o que não era natural, decidiram entre si mesmos — cerca de duzentos ao todo — fazer um juramento no Monte Hermom para levar a cabo esse grande pecado.

Sabiam e estavam conscientes de que era um grande pecado; contudo, para que nenhum deles recuasse, selaram seu pacto com uma maldição, na qual asseguraram seu destino.

Eles queriam ter descendência. A eternidade não lhes bastava: também queriam procriar.

Isso selou não apenas o destino daquele pacto maldito, mas também o destino das mulheres que aceitaram unir-se ou tornar-se companheiras dos anjos.

Chănôk (Enoch) 6:3–6 — "E Semyaza, seu líder, lhes disse: 'Temo que não aceitem fazer isto, e que só eu tenha de pagar a pena de um grande pecado'. Todos responderam: 'Façamos um juramento e comprometamo-nos, mediante uma maldição mútua, a não abandonar este plano, mas realizá-lo'. Então todos juraram juntos e se comprometeram, mediante uma maldição mútua, a respeito disso. E eram no total duzentos, os quais desceram nos dias de Yârad ao cume do Monte Chermôn, e o chamaram Monte Chermôn, porque haviam jurado e se comprometido mediante uma maldição mútua pronunciada sobre ele."

Todos sabiam que era um grande pecado e que seriam castigados se levassem a cabo seus planos; mas, para garantir que ninguém voltasse atrás, decidiram jurar. Para nós, humanos, pode soar simples, pois temos o mau hábito de jurar e não cumprir; porém, os anjos sabem que juramento não se rompe e se cumpre, qualquer que seja. Por isso selaram seus planos sob maldição mútua para realizá-los sem retroceder.

Contudo, se alguém ainda não percebeu o porquê de todo esse plano e qual era o seu objetivo, é simples — já o disse várias vezes: os anjos não podem engendrar nem procriar; não podem ter filhos, linhagem ou descendência. Esse é um dom dado somente ao humano, e este era o objetivo dos anjos Vigilantes: criar para si uma descendência/linhagem, experimentando a habilidade única dada ao homem de unir-se a uma mulher e procriar.

2.3 Início da maldade e da corrupção

(O nascimento dos híbridos e a corrupção total da humanidade).

Somente o homem tem a faculdade de procriar/engendrar, e somente o homem dá origem à vida de uma criatura, a qual nasce com aquela conexão/espírito que a une a Êlôhîym. Assim como Êlôhîym soprou esse espírito ao criar o homem, o homem, ao engendrar, compartilha esse espírito com a nova criatura, e ela nasce com esse vínculo com Êlôhîym.

Todavia, os anjos, por não terem o espírito criador — porque não foram feitos para engendrar —, não podem transmitir seu espírito a criatura alguma. Não podem engendrar niguém com o espírito de Êlôhîym.

Chănôk (Enoc) 7:1–6 — "E todos os demais, junto com eles, tomaram mulheres, e cada um escolheu uma para si, e começaram a deitar-se com elas e a contaminar-se com elas, e lhes ensinaram feitiços e encantamentos, e cortar raízes, e lhes ensinaram as plantas. E ficaram grávidas, e deram à luz um grande Nephîyl, cuja altura era de três mil anas: ele consumiu todas as aquisições dos homens. E quando os homens já não puderam sustentá-los, o nephîyl voltou-se contra eles e devorou a humanidade. E começaram a pecar contra aves, bestas, répteis e peixes, e a devorar a carne uns dos outros e a beber o sangue. Então a terra acusou os malvados."

Os nephîyl são os que conhecemos como nefelinos, dos quais apenas os gigantes são comumente mencionados por serem os mais famosos. Eles começaram sua expansão de tal modo que consumiram todos os recursos dos humanos; e, como os homens já não podiam satisfazê-los, os nefelinos passaram a devorar (literalmente comer) os humanos e tudo quanto havia na criação. Do mesmo modo, começaram a pecar (aparear-se/mutar-se) com aves (aves híbridas), bestas (centauros...), répteis, peixes e, quando já não tinham mais o que corromper, passaram a combater/devorar-se entre si; chegando ao cúmulo de beber o sangue de todo vivente (origem da prática de comer/beber sangue). Mataram e exterminaram a criação, e todo esse sangue inocente os acusou diante de Yahuah.

Quando as mulheres deram à luz os filhos dos anjos Vigilantes, o resultado foi criaturas híbridas que tinham parte do gene humano — o da mulher — e parte do gene angelical — o dos anjos.

Mas, como os anjos não possuem o gene do homem para engendrar criaturas com o espírito de Êlôhîym, os filhos nascidos da união entre as mulheres e os anjos Vigilantes eram totalmente corruptos e malignos.

Chănôk (Enoc) 106:17 — "E produzirão na terra nefelinos, não segundo o espírito, mas segundo a carne; haverá grande castigo sobre a terra, e a terra será purificada de toda impureza."

Eles não possuíam aquele "chip" de conexão com Yahuah; não eram seres espirituais capazes de se conectar nem com Yahuah nem com o bem: eram totalmente carnais.

Bârûk (Baruc) 3:27–28 — "Yahuah não os escolheu nem lhes deu o caminho do conhecimento; mas foram destruídos por falta de sabedoria e pereceram por sua própria loucura."

Chănôk (Enoc) 15:8–12 — "E agora, os nefelinos, que são produto dos espíritos e da carne, serão chamados espíritos malignos sobre a terra, e na terra será sua morada. Os espíritos malignos procederam de seus corpos; porque nascem dos homens, e dos vigilantes qadôsh é sua origem primordial; serão espíritos malignos sobre a terra e serão chamados espíritos malignos. Quanto aos espíritos do shâmayim, no shâmayim será sua morada; porém, quanto aos espíritos da terra que nasceram na terra, na terra será sua morada. E os espíritos dos nefelinos afligem, oprimem, destroem, atacam, lutam, causam destruição na terra e causam problemas. Não comem, mas ainda assim têm fome e sede, e causam ofensas. E esses espíritos se levantarão contra os filhos dos homens e contra as mulheres, porque deles procedem."

Nasceram gigantes, mas não apenas gigantes; também anões, elfos, centauros... — todos aqueles seres híbridos que nos dizem

Cultura/Região	Ser Híbrido	Descrição/ Forma	Significado ou Papel	Paralelo com os Nefelín/ Vigilantes
Hebraica/ Apócrifa	Nefelín/ Gibborim	Gigantes, filhos dos "filhos de Êlôhîym" e mulheres humanas	Corrupção da criação; tiranos poderosos	Paralelo direto — origem de linhagem híbrida
Mesopotâmica	Apkallu (Vigilantes/ Abgal)	Parte humana, parte peixe ou ave	Ensinaram conhecimento proibido; depois castigados	Seres caídos semelhantes aos Vigilantes de Enoc
Mesopotâmica	Lamasu/ Shedu	Cabeça humana, corpo de touro ou leão alado	Guardiões de templos e portais	Resquícios dos "poderosos" híbridos

Egípcia	Anúbis	Corpo humano, cabeça de chacal	Guardião dos mortos	Híbrido animal-humano ligado à morte
Egípcia	Hórus	Corpo humano, cabeça de falcão	Deus do céu, filho de Ísis e Osíris	Símbolo de mistura divina-humana
Egípcia	Thoth	Corpo humano, cabeça de íbis	Deus da sabedoria e da escrita	Eco dos anjos caídos que ensinaram artes proibidas
Grega	Centauro	Metade homem, metade cavalo	Conflito entre instinto e intelecto	Corrupção híbrida da criação
Grega	Minotauro	Corpo de homem, cabeça de touro	Resultado de união antinatural	Alegoria direta do nascimento híbrido proibido
Grega	Sátiro/Fauno	Metade homem, metade cabra	Luxúria, música, caos	Paralelo à corrupção sexual dos Vigilantes
Grega	Quimera	Leão, cabra e serpente combinados	Monstro do caos	Símbolo de vida híbrida antinatural
Grega	Sereias	Mulheres com corpo de peixe ou ave	Sedutoras, enganosas	Espíritos híbridos de engano
Grega/Egípcia	Esfinge	Cabeça humana, corpo de leão	Guardiã de segredos e portais	Híbrido guardião do conhecimento proibido
Nórdica/ Germânica	Homens-lobo/ Berserkers	Transformação humano–animal	Fúria, perda de controle	Possessão ou corrupção nefelina
Nórdica/Jotnar	Gigantes (Jotunn)	Descendentes de deuses e gigantes	Caos e rebelião contra a ordem divina	Eco nórdico dos Nefelín
Hindu/Védica	Narasimha	Metade leão, metade homem	Encarnação divina para fazer justiça	Versão divina de híbrido redentor
Hindu / Védica	Garuda	Metade homem, metade águia	Montaria de Vishnu, inimigo das serpentes	Resquício de mistura divino–animal
Hindu/Védica	Kinnara/ Gandharva	Seres celestiais com forma de ave ou cavalo	Músicos divinos	Paralelos aos "filhos do céu"

Hindu/Védica	Makara	Fera aquática híbrida	Veículo de deuses das águas	Símbolo da mistura entre reinos
China/Ásia Oriental	Reis Dragões	Humanos–dragão	Guardiões dos mares e do clima	Eco de seres caídos que governam a natureza
Japonesa	Tengu	Humano com cabeça de corvo	Espíritos guerreiros, mestres de artes proibidas	Vigilantes ensinando conhecimento proibido
Mesoamericana	Quetzalcóatl	Serpente emplumada	Deus da sabedoria e da criação	Paralelo da "serpente do conhecimento"
Africana	Mami Wata/ Sereias	Metade humana, metade peixe	Sedutoras; associadas à riqueza e ao engano	Influência vigilante sedutora
Celta/Nórdica	Selkies	Transformação entre humano e foca	Dupla natureza, tragédia	Símbolo de identidade híbrida
Filipina/Asiática	Tikbalang	Corpo humano, cabeça de cavalo	Trickster, espírito enganador	Paralelo demoníaco híbrido

pertencer à mitologia ou à ficção científica. Porém foram seres reais que existiram, com deformidades de todos os tipos e maldosos ao extremo.

Yôbêl (Jubileus) 7:22 — "E engendraram filhos, os Nafidim, e todos eles eram diferentes, e devoraram-se uns aos outros; e os Nephilim mataram os Nafilim, e os Nafilim mataram os Elios, e os Elios mataram a humanidade, e os homens uns aos outros."

2.4 Seres Híbridos nas Mitologias do Mundo

A seguinte tabela compara os principais seres híbridos das mitologias do mundo, mostrando origem cultural, descrição, significado e paralelos possíveis com os Nephilim ou Vigilantes mencionados nas Escrituras.

Quase todas as culturas antigas descrevem seres meio humanos e meio animais, frequentemente relacionados a uniões proibidas, castigos divinos ou sabedoria corrompida. Essas histórias refletem o eco do relato de Gênesis 6 e Enoc sobre os Nefelín e os Vigilantes. As Escrituras não mentem; nós é que somos cegos para ver a realidade e o remanescente nefelino em todo o mundo.

Esses seres malignos corromperam toda a criação de Yahuah, unindo-se a bestas, répteis e aves, criando uma série de deformidades na criação — totalmente híbridas e malignas.

Uma criação que não fazia parte da obra de Yahuah, mas uma criada na terra, maligna em sua totalidade, originada pelas mulheres e pelos anjos Vigilantes.

Eles começaram a devorar a criação de Yahuah Êlôhîym até quase consumi-la por completo. E, quando já não restavam muitos humanos para devorar, passaram a devorar-se entre si. O pecado, pela primeira vez, chegou a tal escala que a presença de Yahuah Êlôhîym foi alertada.

2.5 Chănôk (Enoc) e o Pacto da Pureza

(O nascimento do homem que andou com Yahuah e foi levado sem ver a morte)

Então Yahuah providenciou o nascimento de um homem incrível na humanidade: Enoc, que foi apartado por Yahuah Êlôhîym por sua pureza.

Yahuah ditou Sua sentença contra os anjos Vigilantes que pecaram e se corromperam — aqueles que desprezaram seu estado de eternidade nos céus — usando Chănôk como instrumento.

Mandou dizer-lhes que, pela multidão de seus pecados, nunca mais poderiam falar com Yahuah Êlôhîym — "comunicação totalmente cortada" — nem levantar seus olhos aos céus por causa da descendência maldita criada por eles.

Declarou-lhes que, assim como se comprazem em sua criação malévola, veriam todos os seus filhos malditos serem devorados e aniquilados, e eles, como pais, contemplariam a destruição de seus preciosos filhos sem poder fazer nada.

Então os Vigilantes suplicaram a Enoc, o humano, que intercedesse por eles diante de Yahuah Êlôhîym; mas Yahuah mandou dizer que nenhum pedido seria ouvido e que não haveria redenção, perdão, nem misericórdia por seu grande pecado nem pelo de seus filhos.

Chănôk (Enoc) 13:5 — "Pois desde então não puderam falar com Ele nem erguer os olhos ao shâmayim, envergonhados pelos pecados pelos quais haviam sido condenados."

Chănôk (Enoc) 14:4–7 — "...sua petição não lhes será concedida por toda a eternidade, e o juízo caiu sobre vocês: Sim, sua petição não lhes será concedida. E de agora em diante não subirão ao shamayim por toda a eternidade, e nos laços da terra foi promulgado o decreto para acorrentá-los por todos os dias do mundo. E antes verão a destruição de seus amados filhos e não se comprazerão neles, mas cairão diante de vocês à espada. E sua petição por eles não será concedida, nem mesmo a de vocês por vocês mesmos, ainda que chorem, orem e pronunciem todas as palavras contidas no escrito que escrevi."

*Chănôk (Enoc) 15:2 — "E vai, e dize aos Vigilantes do Shamayim,
que te enviaram para interceder por eles: vocês devem interceder
pelos homens, e não os homens por vocês."*

Os anjos Vigilantes que antes tinham suas moradas com Yahuah
Êlôhîym agora não podem nem erguer os olhos ao céu por causa
do grande pecado que cometeram. Os anjos foram criados para
interceder pelos homens, mas algo incrível aconteceu: esses
mesmos anjos que antes intercediam pelos homens agora vão ao
homem (Chănôk) para que interceda por eles.

Eles escrevem suas petições e as entregam a Chănôk para que o
humano as apresente a Yahuah Êlôhîym; mas o pecado já havia
sido consumado — e também a sentença. Nenhuma petição por
misericórdia nem perdão por seus pecados, muito menos pelos
filhos malignos que engendraram, seria ouvida jamais.

Antes de os anjos Vigilantes serem encarcerados em prisões
escuras, veriam seus filhos serem exterminados, e nada poderiam
fazer. Seus filhos amados seriam exterminados e eles presenciariam
tal execução sem mover um dedo. Eles queriam que seus filhos
amados vivessem para sempre, que tivessem acesso à eternidade;
este foi o desejo dos anjos Vigilantes.

*Chănôk (Enoc) 12:4–6 — "Enoc, escriba de justiça, vai e
declara aos Vigilantes do Shamayim que abandonaram o alto
Shamayim, o lugar eterno do Qadôsh, e se contaminaram com
mulheres, e fizeram como os filhos da terra, e tomaram mulheres
para si: Causaram grande destruição na terra; e não terão paz
nem perdão de pecados. E, já que se deleitam em seus filhos,
verão a morte de seus amados, e lamentarão pela destruição de
seus filhos, e suplicarão pela eternidade, mas não alcançarão
misericórdia nem paz."*

Capítulo 3

Humanidade caída, terra corrompida, juízo iminente

(Quando a maldade do homem chegou à sua plenitude e a terra se encheu de violência)

3.1 Estado da humanidade antes do Dilúvio

Este é o estado da humanidade depois do nascimento dos filhos das mulheres e dos anjos Vigilantes, os que conhecemos como nefelinos.

Yôbêl (Jubileus) 5: 2–5 — "E o desenfreno se espalhou pela terra, e toda carne corrompeu seu caminho: homens, gado, bestas, aves e tudo o que anda sobre a terra. Todos corromperam seus caminhos e suas ordens, e começaram a devorar-se uns aos outros. O desenfreno se espalhou pela terra, e toda imaginação dos homens era continuamente maligna. Êlôhîym olhou a terra, e eis que estava corrompida, e toda carne havia corrompido suas ordens, e todos os que estavam sobre a terra haviam praticado toda classe de maldade diante de Seus olhos. E disse que destruiria o homem e toda carne sobre a face da terra que Ele havia criado."

Vamos analisar de forma breve alguns pontos do texto, para ver se, de fato, entendemos o que está acontecendo e o que realmente ocorreu — não o que imaginamos nem o que nos disseram, mas o que realmente dizem as Escrituras.

Acabamos de ver que os nefelinos estavam exterminando ou devorando os humanos (criação de Yahuah). Os nefelinos foram os que se corromperam e se contaminaram com todo homem, gado, bestas etc. Não foi o homem criado por Yahuah; foi a criação das mulheres e dos anjos Vigilantes. E essa imaginação ou pensamento continuamente voltado ao mal é o pensamento nefelino (não têm o gene do espírito de Yahuah); os nefelinos agiram e corromperam toda a criação.

O motivo da destruição ou juízo de extermínio não tem a ver com os humanos que Yahuah Êlôhîym criou; tem a ver com a raça diabólica criada pelas mulheres e pelos anjos Vigilantes.

3.2 Nascimento de Nôach

(O nascido sob sinais celestiais para romper a maldição dos Vigilantes e renovar a descendência santa)

Chănôk (Enoc) 106:1–3 — "Alguns dias depois, meu filho Metushelach tomou uma mulher para seu filho Lemek, e ela ficou grávida dele e deu à luz um filho. Seu corpo era branco como a neve e vermelho como a flor de uma rosa; seu cabelo e suas longas tranças eram brancos como a lã, e seus olhos, belos. Ao abrir os olhos, iluminou toda a casa como o sol, e toda a casa resplandeceu. Então se levantou nas mãos da parteira, abriu a boca e conversou com Yahuah Tsedâqâh."

Este é o nascimento mais incrível que vi nas Escrituras, o nascimento de Nôach (Noé). O pai Lemek até sai correndo porque pensa que não é seu filho, pela maneira tão surpreendente como nasceu; porém, este tinha um propósito claro da parte de Yahuah. O menino nasce e imediatamente nasce falando com Yahuah. Creio que até eu sairia correndo com algo assim.

Chănôk (Enoc) 106:15,16,18 — "Sim, virá uma grande destruição sobre toda a terra, e haverá um dilúvio e uma grande destruição durante um ano. E este filho que te nasceu ficará na terra, e seus três filhos serão salvos com ele. Quando toda a humanidade morrer sobre a terra, ele e seus filhos serão salvos. E agora faz saber a teu filho Lemek que o que nasceu é realmente seu filho, e chama seu nome Nôach (Noé); porque te será deixado, e ele e seus filhos serão salvos da destruição que virá sobre a terra por causa de todo o pecado e de toda a injustiça que se consumará na terra em seus dias."

Esta é a profecia do nascimento de Nôach, que então se tornaria o pai de toda a humanidade.

3.3 Anúncio do Dilúvio

(Yahuah dita juízo contra a criação maldita)

Yahuah levantou então outra criatura: Nôach, que foi excepcional desde o nascimento, totalmente puro. Nasceu falando e adorando a Yahuah desde seu primeiro instante de vida; seu rosto era como o de um anjo, radiante e luminoso.

Berēshī̱th (Gênesis) 6:13,17–18 — "E disse ĔLÔHÎYM a Nôach: O fim de toda carne veio perante mim; porque a terra está cheia de violência por causa deles; e eis que eu os destruirei com a terra. E eu, eis que trago um dilúvio de águas sobre a terra, para destruir toda carne em que há rûach de vida debaixo do céu; tudo o que há na terra morrerá. Mas estabelecerei meu pacto contigo, e entrarás na arca tu, teus filhos, tua mulher e as mulheres de teus filhos contigo."

"Porque a terra está cheia de violência por causa deles." Vejamos se estamos lendo o que diz Berēshī̱th (Gênesis): violência por causa de quem? Por causa dos nefelinos. Ao ler o contexto do capítulo, percebe-se que a narração é clara: tal violência e maldade não vêm do ser humano que Yahuah criou, mas do nefelim, raça maldita, criação aberrante que veio da união entre a mulher e os anjos Vigilantes. Yahuah está salvando o único que resta puro de toda a Sua criação, porque o restante foi completamente devorado pelos nefelinos.

Reforço mais uma vez, para que não haja dúvida: a destruição e a maldade não provêm do ser humano criado por Yahuah; mas sim do ser híbrido criado pelas mulheres e pelos anjos Vigilantes, entenda-se, pelos nefelinos.

Yôbêl (Jubileus) 5:21–22 — "E ordenou a Nôach (Noé) que lhe construísse uma arca para salvar-se das águas do dilúvio. E Noé fez a arca em todos os seus aspectos, tal como lhe havia ordenado, no vigésimo sétimo jubileu de anos, no quinto septenário do quinto ano, no início do primeiro mês."

Yahuah mandou Nôach construir a arca porque iria destruir essa criação maldita — nunca Sua criação humana, mas a criação maldita, os filhos das mulheres e dos anjos Vigilantes.

3.4 As Barcas dos Nefelín

(Antes do dilúvio, os filhos dos Vigilantes tentaram escapar do decreto divino com suas próprias embarcações)

O dilúvio não era segredo: os anjos Vigilantes sabiam do juízo decretado e, de igual forma, enviaram seus filhos a construírem barcas.

As barcas ou barcos dos nefelinos — filhos dos anjos Vigilantes — continham metal, mas a arca que Yahuah mandou Nôach construir era completamente de madeira.

Nôach construiu uma arca, mas os nefelinos construíram centenas de barcos para tentar escapar do juízo que havia sido decretado contra essa criação maldita, completamente corrupta, que havia destruído toda a criação de Yahuah.

No livro do demônio nefelino enki (The Lost Book of Enki), livro oculto (NÃO BÍBLICO), encontra-se o relato/episódio em que os Anaqiy ou Anunnaki constroem muitos barcos tentando fazer com que seus filhos nefelinos escapassem, e todos foram afogados, com exceção de um.

"O propósito da barca, um segredo dos Anunnaki, deve permanecer com vocês!" (p. 170). "Descendamos em Torvelinhos desde as barcas celestiais sobre o cume de Arrata" (p. 175). "Em seus Torvelinhos sobrevoaram o outro cume de Arrata, viram a barca de Ziusudra, e junto ao altar que ele havia construído desembarcaram."

Antes dessa destruição, Yahuah decidiu levar Chănôk ao jardim do Éden ou ao paraíso em vida, com um propósito profético para o fim dos tempos.

Morreram todas aquelas gerações antes do dilúvio: a geração de Yarad, de Chănôk, Methûshâêl e Lemek; apenas ficou a geração de Nôach, sua mulher, seus filhos e as esposas de seus filhos: oito pessoas no total.

Todo o resto da humanidade era corrupção completa dos nefelinos, descendentes das mulheres e dos anjos Vigilantes — malignos em sua totalidade e sem o "chip" de conexão espiritual para aproximar-se de Yahuah, levando apenas o chip carnal, diabólico e destruidor.

3.5 Dilúvio

(A purificação da terra e o resgate da linhagem pura de Nôach)

O dilúvio foi enviado, e toda aquela raça maldita foi exterminada — ou, mais precisamente, quase toda essa raça.

> *Yôbêl (Jubileus) 7:21–24 — "Porque por causa destas três coisas veio o dilúvio sobre a terra, isto é, por causa da fornicação com a qual os Vigilantes, contra a lei de suas ordenanças, se prostituíram com as filhas dos homens e tomaram mulheres de todas as que escolheram; e assim deram origem à impureza. E engendraram filhos, os Nafidim, e todos eram diferentes, e devoravam-se uns aos outros; e os Nefilim mataram os Nafilis, e os Nafilis mataram os Eliot, e os Eliot à humanidade, e os homens uns aos outros. E cada um se entregou à iniquidade e a derramar muito sangue, e a terra se encheu de iniquidade. E depois disso pecaram contra as bestas, contra as aves e contra tudo o que se move e anda sobre a terra; e muito sangue foi derramado na terra, e todo desígnio e desejo dos homens imaginava continuamente vaidade e maldade."*

Resumo das três causas:

1. União dos Vigilantes com as mulheres.

2. Engendraram filhos impuros — diferentes em formas e tamanhos. Origem da impureza.

3. O pecado dessas criaturas contra toda a criação.

Nôach e sua família, oito membros no total, foram os únicos sobreviventes da raça humana pura e criação de Yahuah, junto com todas as espécies de animais que foram preservadas na arca com Nôach. Mas...

3.6 Uma família dos nefelinos que sobreviveu ao dilúvio

(A origem dos reinos nefelinos depois do dilúvio.)

O que nunca lhe contaram é que, das centenas de barcos dos nefelinos, todos foram afogados e destruídos, com exceção de uma família de nefelinos que sobreviveu ao dilúvio, cujo barco encalhou nas montanhas de Arrata, na Turquia.

O filho do deus extraterrestre — ou, mais precisamente, do demônio ou anjo Vigilante que se corrompeu — conhecido como Enki, sobreviveu junto com seu filho e sua família.

Entretanto, a arca de Nôach encalhou em outra parte das montanhas, confrontando a Armênia, ou melhor, do outro lado das montanhas de Ararat, no pico mais alto do mundo, conhecido como o Monte Lubar, dentro das cordilheiras do Himalaia, o que hoje conhecemos como o Monte Everest.

Yôbêl (Jubileus) 5:28 — "E a arca foi e pousou no topo do Lûbâr, um dos montes de Ărârat."

Jubileus nos diz o mesmo que Berēšhīṯh: que foi nas montanhas de Ararat. Além disso, especifica o local exato — acima do monte Lubar. Vejamos, então, o que é o Lubar ou onde se encontra.

Berēšhīṯh (Gênesis) 8:4 — "E repousou a arca no sétimo mês, aos dezessete dias do mês, sobre os montes de Ărârat."

Bereshith nos diz que a arca de Nôach encalhou sobre os montes (montes... vários, não apenas um) Ararat. Entenda-se que se trata de uma região montanhosa: a arca encalhou em um dos montes do Ararat, especificamente no ponto mais alto de toda a terra.

Berēšhīṯh (Gênesis) 7:19 — "E as águas prevaleceram muito sobre a terra; e todos os montes altos que havia debaixo de todos os céus foram cobertos."

A confusão está no plural das palavras, e essa é a ferramenta de mentira que o inimigo tem usado para confundir e ocultar o lugar onde encalhou a arca dos nefelinos (monte Ararat) — não a arca de Nôach.

"O Monte Ararat encontra-se no extremo oriental da Turquia, muito perto das fronteiras com a Armênia e o Irã."

Vejamos uma evidência histórica da existência do Lubar: "O grupo de Mummery havia cruzado este passo de Mazeno, a 5.400 metros, e havia descido a Lubar, na cabeceira do vale de Bunar (p. 11). Ao final, o resto de nós nos unimos a Collie e Raghobir e todos descemos pela geleira de Lubar, uns 2.100 metros abaixo do passo, até o assentamento de pastores no Alpe de Lubar, por assim dizer (p. 14). O dia em que passei contornando a grande crista que me separava do Alpe de Lubar não foi nada monótono" (p. 15).

Lembrem-se de que é a memória dos Himalaias, então entendemos que o Lubar é parte dos Himalaias e que faz fronteira com a Turquia e com a Armênia (a Armênia faz parte da grande cordilheira dos Alpes–Himalaia). Existem muitas montanhas altas nas fronteiras da China, Índia e Nepal (onde encalhou a arca de Nôach), exatamente no Everest, que é o monte ou montanha mais alta do mundo.

Ărâraṭ: ou, melhor, Armênia. Uma região montanhosa do leste da Armênia, entre o rio Araxes e os lagos Van e Oroomiah, o lugar onde pousou a arca de Noé.

A Armênia está situada no sul da Transcaucásia e cobre a parte nordeste das terras altas armênias (situadas na cordilheira dos Alpes–Himalaia). A Armênia não tem saída para o mar e faz fronteira ao norte com a Geórgia, a leste com o Azerbaijão, a oeste com a Turquia e ao sul com o Irã. Desde o final da Idade Média (1492), o Ararat da arca tem sido identificado com o atual Monte Ararat na Turquia.

Como veem, faz parte da excursão de mentira e engano dos descendentes dos nefelinos, que apenas a partir de 1492 começaram a campanha do grande engano, pregando e ensinando a arca dos nefelinos como se fosse a de Nôach, quando, na realidade, é a arca dos demônios sobre a qual têm ensinado.

O Himalaia (do sânscrito हिमालय, himālaya [pron. jimaalaia], onde hima, 'neve', e ālaya, 'morada', 'lugar') é uma cordilheira situada no continente asiático, e se estende por vários países: Butão, Nepal, China, Birmânia, Índia e Paquistão.

É a cordilheira mais alta da Terra, com 8.850 m s.n.m. de altura, segundo a medição mais recente, publicada em dezembro de 2020. Há mais de cem cumes que superam os 7.000 metros e catorze cumes de mais de 8.000 metros de altura. Mas apenas um cumpre a descrição bíblica do cume mais alto do mundo: "O Monte Everest ou Éverest é a montanha mais alta da superfície do planeta Terra, com uma altitude de 8.848,86 metros (29.032 pés) acima do nível do mar."

Capítulo 4

Sombras sem corpo que vagam pela terra desde os dias do Dilúvio

(Os filhos do caos que atormentam a humanidade))

4.1 Demônios ou anjos malignos

(Os espíritos errantes nascidos da união proibida)

Quando foram exterminados todos os filhos das mulheres com os anjos Vigilantes — isto é, os nefelinos —, estes, como não eram parte da criação, não tinham lugar onde ir nem descansar. Os homens têm sua morada na terra e, ao morrer, vão ao seu lugar de descanso; os anjos, porém, não morrem. Mas todos esses híbridos mortos se tornaram no que hoje conhecemos como espíritos malignos ou demônios. A união das mulheres com os anjos Vigilantes trouxe uma raça disforme e completamente maligna, que foi quase aniquilada em sua totalidade. Os espíritos desses mortos, por não terem lugar em nenhuma parte da criação, ficaram perambulando pela terra: eles são os espíritos malignos ou demônios. Por terem sido criados na terra, ali está a sua morada. Foram criados por humanos — da união entre mulheres e anjos Vigilantes — e, por isso, atormentam a raça humana. Não comem nem bebem, mas sempre têm fome e sede.

Chănôk (Enoc) 15:8-12 — "E agora, os nefelinos, que são produto dos espíritos e da carne, serão chamados espíritos malignos sobre a terra, e sobre a terra será sua morada. Os espíritos maus procedem de seus corpos, porque nasceram de humanos e dos santos Vigilantes, é seu começo e origem primordial. Estarão os espíritos maus sobre a terra e serão chamados espíritos maus. Os espíritos do céu têm sua casa no céu e os espíritos da terra que foram engendrados sobre a terra têm sua casa na terra. E

os espíritos dos gigantes, dos Nefelinos, que afligem, oprimem,
invadem, combatem e destroem sobre a terra e causam
penalidades, eles, embora não comam, têm fome e sede e
causam danos. Estes espíritos se levantarão contra os filhos dos
homens e contra as mulheres porque deles procedem."

Estes são os precursores de toda maldade e toda doença na raça humana. Antes dessa aberração ou criação maldita, antes da morte desses seres híbridos e malignos, não existiam os demônios nem as doenças. Todas elas foram trazidas pelos demônios, produto ou resultado da união das mulheres com os anjos Vigilantes, os quais, querendo criar sua própria descendência, engendraram a pior aberração que acabou com a raça humana e terminará, mais uma vez, com esta criação.

4.2 Qual é a perdição da humanidade?

(A causa por trás da queda do homem)

A humanidade segue hipnotizada e maravilhada com os ensinamentos e supostas ciências dos Vigilantes. Da mesma forma, irmãos em Yahuah seguem, também, sem compreender que a causa de toda destruição foram esses ensinamentos e, ao final, essas mesmas instruções levarão à destruição por fogo.

Chănôk (Enoc) 10:7-8-15 — "E sana a terra que os anjos
corromperam, e proclama a sanidade da terra, para que
possam curar a praga, e para que todos os filhos dos homens
não pereçam por todos os mistérios que os Vigilantes revelaram

e ensinaram a seus filhos. E toda a terra foi corrompida pelas obras que ensinou Ăzâzêl: a ele atribui todo pecado. E destruirás todos os espíritos dos réprobos e aos filhos dos Vigilantes, porque fizeram mal à humanidade."

Chănôk (Enoc) 16:3 — "Estiveram no shamayim, mas ainda não lhes haviam sido revelados todos os mistérios, e conheciam alguns sem valor, e com a dureza de seus corações os deram a conhecer às mulheres, e mediante esses mistérios, mulheres e homens causam muito mal na terra."

Chănôk (Enoc) 19:1 — "E Ûrıyêl me disse: Aqui estarão os anjos que se uniram às mulheres, e seus espíritos, adotando diversas formas, estão contaminando a humanidade e a extraviarão para que sacrifique a demônios como deuses. Aqui estarão até o dia do grande juízo, no qual serão julgados até seu extermínio."

Chănôk (Enoc) 65:11 — "E estes não têm lugar de arrependimento para sempre, porque revelaram o oculto, e são os condenados. Mas quanto a ti, filho meu, Yahuah dos Ruach sabe que és puro e inocente deste reproche concernente aos segredos."

Não creio que as Escrituras possam ser mais claras, ou será que nós é que não queremos ver nem entender? Todas as supostas ciências e os ensinamentos que não estavam destinados ao humano aprender e que foram ensinados pelos Vigilantes e suas mulheres, todos eles levam ao mesmo caminho: "destruição".

4.3 Maṣṭêmâh através das gerações

(O anjo do juízo e a prova do homem)

Maṣṭêmâh é um anjo poderoso mencionado nas Escrituras, do qual pouco se revelou, e ao redor de quem existem muitas confusões e ensinamentos distorcidos.

Por muito tempo, se disse que não foi ele quem enganou Chawwâh (Eva) no jardim, mas outro ser chamado Gadreel ou Gadriel.

No entanto, ao observar com maior profundidade os escritos antigos, surge a possibilidade de que ambos os nomes se refiram ao mesmo espírito rebelde — o que se levantou contra a verdade desde o princípio e semeou a corrupção na criação de Yahuah.

Quem é este personagem e por que é importante conhecê-lo? Nas bíblias tradicionais este personagem foi completamente ocultado, mas na realidade tem um papel que todos deveríamos conhecer. Sua primeira menção como tal se encontra no livro de Oseias, e é óbvio que, para vê-lo, é preciso ler o hebraico original ou em Dabar Yahuah – Escrituras Yahuah.

Hôshêa (Oseias) 9:7-8: "Vieram os dias da visitação, vieram os dias da paga; o conhecerá Yâshârêl: néscio o profeta, insensato o homem de rûach, por causa da multidão da tua maldade, e o príncipe Maṣṭêmâh. Vigilante é Ephrayim para com meu ĔLÔHÎYM: o profeta é laço de caçador em todos os seus caminhos, Maṣṭêmâh na casa de seu ĔLÔHÎYM."

Se lerem o contexto completo deste capítulo entenderão que Yahuah está decretando seu juízo pela multidão da maldade e pelo príncipe Maṣṭêmâh, porque o têm na casa de Êlôhîym usurpando o lugar de Êlôhîym.

Maṣṭêmâh: traduz-se como inimizade ou ódio. No entanto, este é um personagem real que aparece em todas as Escrituras.

No Livro dos Jubileus, menciona-se Maśṭêmâh como o líder dos espíritos malignos que sobreviveram ao Dilúvio, aquele que pediu permissão a Yahuah para pôr à prova os homens e desviá-los do caminho da justiça.

Por outro lado, no Livro de Chănôk (Enoc), nomeia-se Gadreel como o que seduziu Chawwâh e ensinou aos homens a arte da guerra e da destruição.

Ambos são descritos como instigadores do mal, inimigos da verdade e portadores de conhecimento corrupto.

Por isso, não é descabido pensar que Maśṭêmâh e Gadreel sejam o mesmo espírito manifestado sob distintos nomes, cumprindo uma mesma missão: enganar, destruir e opor-se ao propósito eterno de Yahuah desde o princípio até o fim.

Agora vejamos as menções para que saiamos do engano e da cegueira. E vejamos se podemos entender quem é Maśṭêmâh e qual é seu verdadeiro papel na humanidade.

4.4 Maśṭêmâh e seus sequazes

(O líder dos espíritos caídos que ainda rondam a terra)

Maśṭêmâh é o anjo encarregado de todos os espíritos malignos ou demônios — a décima parte que pediu permissão a Yahuah — e segue rondando a terra.

Não foi julgado, segue desempenhando suas funções e tem acesso constante ao céu, à presença de Yahuah Êlôhîym.

Yôbêl (Jubileus) 10:8-9 — "E o chefe dos espíritos, Mastêmâ, veio e disse: Yahuah, Bârâ, que alguns deles permaneçam diante de mim, que ouçam minha voz e façam tudo o que lhes diga; porque, se não me deixares alguns deles, não poderei exercer minha vontade sobre os filhos dos homens; pois estes são para corrupção e extravio perante meu juízo, pois grande é a maldade dos filhos dos homens. E disse: Que a décima parte deles fique diante dele, e que nove partes desçam ao lugar da condenação."

Yahuah, como castigo, encarcerou todos os anjos Vigilantes que se corromperam com as mulheres, encerrando-os em prisões escuras até o dia do juízo final. E, quando ia encarcerar todos os demônios junto com seus pais, Maśṭêmâh — que não é um anjo caído, mas um anjo com um propósito específico — intercedeu diante de Yahuah e lhe pediu que lhe designasse o 10% desses demônios para poder cumprir a tarefa que lhe havia sido encomendada.

Yôbêl (Jubileus) 11:4-5 — "Fizeram imagens de fundição e adoraram cada um ao ídolo, a imagem de fundição que haviam feito. Começaram a fazer imagens talhadas e simulacros impuros, e espíritos malignos os ajudaram e os seduziram para que cometessem transgressões e impureza. E o príncipe Mastêmâ se esforçou para fazer tudo isso, e enviou outros espíritos, os que foram postos sob seu controle, para cometer toda classe de injustiças, pecados e transgressões, para corromper, destruir e derramar sangue sobre a terra."

Yahuah atendeu ao seu pedido, e Maśṭêmâh se converteu no líder dos 10% dos demônios que rondam a terra, sempre buscando a quem devorar, atormentando e atacando os filhos dos homens e mulheres de quem procedem. Só os 10% foram deixados livres; os 90% restantes estão em prisões escuras.

4.5 Maśṭêmâh e os corvos repreendidos por Abraão

(O príncipe das trevas enfrentado pela fé do justo)

Yôbêl (Jubileus) 11:18-21

"E chegou a época da semeadura, e todos saíram juntos para proteger sua semente dos corvos. Abraão saiu com os que iam, e o menino era um rapaz de catorze anos. Uma nuvem de corvos veio para devorar a semente, e Abraão correu ao seu encontro antes que se pousassem no chão, e gritou-lhes antes que se pousassem no chão para devorar a semente, e lhes disse: 'Não desçam; regressem ao lugar de onde vieram'. E eles procederam a regressar. E fez com que as nuvens de corvos regressassem naquele dia setenta vezes, e de todos os corvos em toda a terra onde Abraão estava, não se pousou ali nem um só. E todos os que estavam com ele em toda a terra o viram gritar, e todos os corvos se voltaram; e seu nome se fez grande em toda a terra de Kaśđɪy."

Esta é uma das primeiras façanhas de Abraão quando jovem, Abraão então repreende os corvos enviados pelo príncipe Maśṭêmâh durante todo o dia e, ao final, todos se vão depois de serem repreendidos.

Capítulo 5
A fé contra a acusação
(O diálogo celestial que desencadeou a prova do sacrifício)

5.1 Maśṭêmâh pede para provar a Abraham

(O desafio de sacrificar a Yitschâq)

Já Abraham se havia metido nos assuntos do príncipe Maśṭêmâh, líder de todos os demônios.

> *Berēšhīṯh (Gênesis) 22:1,2,9-12 — "E aconteceu, depois destas coisas, que ĔLÔHÎYM tentou Abrâhâm, e lhe disse: Abrâhâm. E ele respondeu: Eis-me aqui. E disse: Toma agora teu filho, teu único, Yitschâq, a quem amas, e vai-te à terra de Môîyâh, e oferece-o ali em holocausto sobre um dos montes que eu te direi. E quando chegaram ao lugar que ĔLÔHÎYM lhe havia dito, Abrâhâm edificou ali um altar, e arrumou a lenha, e amarrou a Yitschâq seu filho, e o pôs no altar sobre a lenha. E estendeu Abrâhâm a mão, e tomou o cutelo, para degolar a seu filho. Então o anjo de YAHUAH o bradou desde o céu, e disse: Abrâhâm, Abrâhâm. E ele respondeu: Eis-me aqui. E disse: Não estendas tua mão sobre o moço, nem lhe faças nada; pois já conheço que temes a ĔLÔHÎYM, visto que não me negaste teu filho, teu único."*

Todos conhecemos o relato de Abraham — ou, na verdade, cremos saber ou conhecer bem o relato —, mas só quando vemos o relato comparado no livro de Jubileus, podemos entender a magnitude do que realmente aconteceu.

> *Yôbêl (Jubileus) 17:16 — "E o príncipe Mastêmâ veio e disse diante de Elôhîym: "Vê, Abraham ama a seu filho Yitschâq, e se deleita nele acima de tudo; pede-lhe que o ofereça como oferta*

queimada sobre o altar, e verás se cumpre este mandado, e saberás se é fiel em tudo quanto lhe puseres à prova".

Yôbêl (Jubileus) 18:9-11 — "Eu me pus diante dele e diante do príncipe Mastêmâ, e Yahuah disse: "Não ponhas mão sobre o moço nem lhe faças nada, pois tenho demonstrado que teme a Yahuah". Eu o chamei desde o shâmayim e lhe disse: "Abraham, Abrahão!". E ele se assustou e disse: "Aqui estou!" E o príncipe Mastêmâ foi envergonhado; e levantou Abraham seus olhos e olhou, e eis um carneiro preso... pelos seus chifres, e foi Abraham e tomou o carneiro e ofereceu-o em holocausto em lugar de seu filho."

Estamos entendendo o que realmente se passa por trás das cenas? Maśtêmâh é quem pede para provar a Abraham, e Yahuah cede ao pedido. Abraham passa na prova do príncipe Maśtêmâh e, com seu ato de fé, ridiculariza e envergonha a Maśtêmâh. Prestemos muita atenção para poder abrir nossos olhos à verdade e ao entendimento que Yahuah nos apresenta.

5.2 Abraham abençoa a Yaqoob

(A promessa de Yahuah de proteção contra os espíritos de Maśtêmâh)

Quando Abraham está dando sua bênção sobre Yaăqôb, ele diz:

Yôbêl (Jubileus) 19:28 — "E os espíritos de Mastêmâ não se assenhorearão de vocês nem de sua descendência para apartá-los de Yahuah, que é seu Êlôhîym de agora e para sempre."

Abraham sabe e conhece quem é o comandante de todos os

demônios; nós é que perdemos esse conhecimento — ou ele tem sido ocultado para que não saibamos. Que bênção tão formosa e cheia de sabedoria! Mas isto não é tudo; seguimos com as proezas de Maśṭêmâh.

5.3 Maśṭêmâh tenta matar a Môsheh (Moisés)

(O adversário na sombra do êxodo)

Eu sempre me perguntava e nunca entendia bem o que significava este passo; para falar a verdade, nunca entendi este acontecimento nas Escrituras até lê-lo no livro de Jubileus.

> Šhemōṯh (Êxodo) 4:24-26 — "E aconteceu no caminho, que, numa estalagem, YAHUAH lhe saiu ao encontro, e quis matá-lo. Então Tsippôrâh tomou uma pedra afiada, e cortou o prepúcio de seu filho, e o lançou aos seus pés, dizendo: Em verdade és para mim um esposo de sangue. Assim o deixou logo ir. E ela disse: Esposo de sangue, por causa da circuncisão."

Como é que Yahuah lhe saiu ao encontro e tentou matá-lo? Mas se foi Yahuah quem o enviou para libertar seu povo, então como é que tenta matar seu enviado Môsheh? Êxodo está nos dizendo que Yahuah saiu ao encontro de Môsheh e quis matá-lo. Mas, se Yahuah o tivesse desejado morto, não o enviaria, nem muito menos salvaria a Môsheh desde menino. É certo que algo sempre faltou nesta história, algo não estava bem.

Leiamos agora em Jubileus:

> Yôbêl (Jubileus) 48:2-4 — "E tu mesmo sabes o que te disse no monte Siynay, e o que o príncipe Mastêmâ desejava fazer contigo quando regressavas a Mitsrayim (Egito) pelo caminho, quando o encontraste na estalagem. Acaso não tentou com todas as suas forças matar-te e livrar o Egito do teu poder, ao ver que

eras enviado para executar juízo e vingança contra o Egito? E
eu te livrei do seu poder, e fizeste os sinais e prodígios que te foi
encomendado realizar no Egito contra Faraó, contra toda sua
casa, contra seus servos e seu povo."

Agora tudo faz sentido; agora posso verdadeiramente compreender o que aconteceu: Maśṭêmâh estava comandando os egípcios e, quando viu que Yahuah havia enviado Môsheh para libertar seu povo, tentou matar a Môsheh no caminho para livrar Mitsrayim (Egito).

5.4 Maśṭêmâh com os egípcios

(O espírito de destruição que se opôs a Yâshârêl)

Entendem que o povo de Yâshârêl estava escravo no Egito e que o príncipe Maśṭêmâh estava como líder dos egípcios, operando opressão por meio dos egípcios contra Yâshârêl.

Yôbêl (Jubileus) 48:9-13 — "E o príncipe Mastêmâ se ergueu
contra vocês e procurou entregá-los nas mãos do Faraó. Ele
ajudou os feiticeiros do Egito, que se levantaram e operaram
diante de vocês. Certamente lhes permitimos que operassem
os males, mas não permitimos que suas mãos operassem os
remédios. E Yahuah os feriu com úlceras malignas, e não
puderam manter-se em pé, pois os destruímos de modo que não
puderam realizar nem um só sinal. E, apesar de todos estes sinais
e prodígios, o príncipe Mastêmâ não se envergonhou, porque se
armou de valor e clamou ao Mitsîy para que os perseguisse com
todo o poder do Mitsîy, com seus carros, com seus cavalos e com
todas as hostes dos povos de Mitsrayim. E eu me pus entre Egito
e Yâshârêl, e libertamos a Yashareel de sua mão, e da mão de seu

povo, e Yahuah os fez passar pelo meio do mar como por terra seca."

Sempre temos lido como Yahuah endurecia o coração do Faraó para mostrar Seu poder; entretanto, Jubileus nos mostra o panorama completo: como o príncipe Maśțêmâh está por trás dos egípcios, e Yahuah usa seu orgulho para endurecer o coração do Faraó e dos egípcios, a fim de manifestar Seu maravilhoso poder.

5.5 Maśțêmâh atado e o povo libertado

(O juízo sobre o adversário durante a redenção de Yâshârêl)

A influência de Maśțêmâh era tão grande sobre o povo que o serve (Egito), que se fez necessário atar Maśțêmâh para libertar o povo de Yâshârêl.

Yôbêl (Jubileus) 48:15-18

"E no dia catorze, o quinze, o dezesseis, o dezessete e o dezoito, o príncipe Mastêmâ foi atado e encarcerado atrás dos filhos de Yâshârêl para que não os acusasse. E no dia dezenove os soltamos para que ajudasse aos Mitsŕıy e perseguissem aos filhos de Yâshârêl. E ele endureceu seus corações e os fez obstinados, e o plano foi planejado por Yahuah nosso Êlôhîym para ferir aos Mitsŕıy e lançá-los ao mar. E no dia catorze o atamos para que não acusasse aos filhos de Yâshârêl no dia em que pediram ao Mitsŕıy vasos e vestidos, vasos de prata, vasos de ouro e vasos de bronze, para despojar ao Mitsŕıy em troca da servidão em que os haviam obrigado a servir."

5.6 Maśṭêmâh mata a todos os primogênitos do Egito

(A execução do juízo final sobre os inimigos de Yahuah).

Mas ainda não passou a prova maior; temos lido como Yahuah feriu a todos os primogênitos do Egito. E Êxodo nos diz que Yahuah passaria ferindo-os, mas que não deixaria entrar o destruidor nas casas de Yâshârêl. De modo que entendemos, sabemos e estamos 100% certos de que Yahuah não é o destruidor; esse destruidor tem seu nome.

> *Šhemōṯh (Êxodo) 12:23, 29 — "Porque YAHUAH passará ferindo aos Mitsŕiy; e, ao ver o sangue no umbral e nos dois postes, passará YAHUAH aquela porta, e não deixará entrar o destruidor em suas casas para ferir. E aconteceu que à meia-noite YAHUAH feriu a todo primogênito na terra de Mitsrayim, desde o primogênito de Parôh que se sentava sobre seu trono, até o primogênito do cativo que estava no cárcere, e todo primogênito dos animais."*

Agora podemos ver com clareza quem ou quais foram os que executaram a ordem de matar a todos os primogênitos do Egito.

> *Yôbêl (Jubileus) 49:2 — "Porque nesta noite, o começo da festividade e o começo da alegria, vocês estavam comendo a Pesach no Egito, quando todos os poderes de Mastêmâ se haviam desatado para matar a todos os primogênitos na terra do Egito, desde o primogênito de Faraó até o primogênito da serva cativa no moinho, e até o gado."*

Podemos dizer com clareza e certeza de que os executores ou carrascos por trás da morte dos primogênitos foram Maśṭêmâh e seus sequazes.

5.7 "Satanás": o inimigo inexistente... e imposto

(A grande invenção que ocultou a identidade do verdadeiro adversário.)

Ainda não temos clareza do papel ou identidade do personagem Maśṭêmâh. Vamos analisar uma das mentiras mais bem contadas na história.

Ao longo da história, nos ensinaram tantas coisas, e uma delas é que existe um suposto inimigo ou arqui-inimigo de Yahuah e do povo de Yahuah, o qual temos que temer, repreender, entre tantas outras coisas. Vejamos, porém, a realidade neste momento.

O termo hebraico é śâṭân: significa adversário, contrário ou opositor, e assim é usado nas Escrituras, exceto nos lugares onde se distorceu seu significado para confundir a humanidade, apresentando-o como um "arqui-inimigo" de Yahuah.

Mas Yahuah não tem tal inimigo, porque nada nem ninguém pode opor-se a Ele.

Podes ler em cada um destes versículos e, se leres o hebraico, te darás conta de que o termo usado é o mesmo, porém aqui o traduziram como realmente é, "adversário", e não como um nome próprio irreal (Números 22:22, 1 Samuel 29:4, 1 Reis 5:4, 1 Reis 11:14,23,25).

Entretanto, em cada um destes versículos o traduziram como nome próprio, de forma errônea ou de propósito, tentando criar um personagem que, na realidade, não existe (1 Crônicas 21:1, Jó 1:6, 7, 8, 9, 10; Jó 2:1, 2, 3, 4, 6, 7; Salmos 19:6; Zacarias 3:1 & 2).

Vejamos alguns dos versículos no livro de Jó, onde mais o traduziram como nome próprio em vez do termo real, que é adversário. Como estamos usando a versão Dabar Yahuah – Escrituras Yahuah, esta tem o termo correto. Portanto, prestemos atenção.

> *Îyôb (Jó) 1:6-7 — "E um dia vieram os filhos de ĔLÔHÎYM apresentar-se diante de YAHUAH, entre os quais veio também o Adversário. E disse YAHUAH ao Adversário: De onde vens? E, respondendo o Adversário a YAHUAH, disse: De rodear a terra, e de andar por ela."*

Somente vamos ler os dois primeiros versículos, já que conhecemos bem a história, embora ler o capítulo completo possa trazer melhor entendimento.

Entre os filhos de Êlôhîym — entenda-se, os anjos —, vem um personagem em específico: este é o adversário. Se virem a história e a compararem com a de Abraham, poderão entender melhor e se darão conta de que estamos falando do mesmo personagem, do adversário — que vem à presença de Yahuah.

Lembrem-se: não é um anjo Vigilante, nem muito menos se corrompeu com as mulheres; todos os anjos Vigilantes que se corromperam estão encerrados em prisões eternas e, desde o momento de seu pecado, nunca mais puderam falar com Yahuah nem se apresentar diante dEle, quanto menos subir ao shamayim. Este é o mesmo que já conhecemos e vimos na vida de Abraham, Môsheh e agora em Îyôb (Jó), provando o servo fiel de Yahuah.

Assim, o ponto mais importante a se observar é que este adversário, conhecido como Maśṭêmâh — e erroneamente de "satanás" — tem como nome verdadeiro Maśṭêmâh. Ele existe desde os tempos antigos, e parte de sua função tem sido provar os seguidores de Yahuah para ver se verdadeiramente podem cair em suas redes ou se permanecem fiéis a Yahuah.

É possível ver este mesmo adversário ao longo de toda a história, e o veremos depois no Novo Testamento, já que seu papel se cumprirá totalmente no fim dos tempos. Enquanto isso, é um anjo habitando na terra que tem acesso ao trono de Yahuah, o qual só pode estar em um lugar por vez, de modo que, em qualquer nação onde se encontre, está em corpo físico.

Resumindo para melhor entendimento: àquele a quem têm se chamado de satanás ao longo dos séculos não deve ser chamado dessa forma, já que esse termo apenas quer dizer adversário; todavia, o verdadeiro adversário se chama Maśṭêmâh.

Capítulo 6
O poder dos demônios

(Como os espíritos impuros dominam por meio do medo e da ignorância.)

6.1 Natureza e limites do poder demoníaco

Esses demônios não têm o poder que as pessoas lhes atribuem; não são seres corpóreos, e sua única habilidade é possuir outros corpos, já que eles mesmos carecem de um.

O poder dos demônios reside na influência ou informação sutil que utilizam para levar as pessoas a pecarem, quer dizer, para induzir os seguidores de Yahuah à desobediência.

Os demônios não podem nem têm permissão para tocar em um servo de Yahuah, muito menos podem possuí-lo.

No entanto, têm poder para possuir, influenciar, guiar e dirigir seus descendentes humanos — isto é, os descendentes nefelinos que ainda estão entre nós e cujo proceder é continuamente voltado para o mal. A eles os demônios possuem e usam para que façam tudo o que desejam, porque são parte deles.

Recordemos que os demônios são espíritos ancestrais, de modo que conhecem o comportamento humano melhor que o próprio homem — isto é, por observação.

Por isso, as Escrituras falam dos espíritos familiares, que vão de geração em geração; eles podem imitar a voz de uma pessoa e criar cenários que parecem reais.

Além disso, não podemos esquecer de que os demônios conhecem bem o conteúdo das Escrituras, muitas vezes, melhor do que nós mesmos.

Mas ao que serve a Yahuah foi dado poder e autoridade sobre todo espírito maligno ou espírito familiar. Nós temos o poder; eles não.

6.2 As Sereias

(O castigo das mulheres que se uniram aos anjos Vigilantes).

Yahuah amaldiçoou as mulheres que se uniram aos anjos Vigilantes, transformando-as em sereias.

Poderia parecer um conto de fadas ou uma história de ficção científica, mas isso é o que nos foi ensinado para ocultar a verdade. Nós nunca falamos nem mencionamos as mulheres que se contaminaram com os anjos Vigilantes; de fato, nunca ouvi ninguém falar delas, mas o livro de Chănôk nos dá um detalhe impressionante.

Elas também receberam seu castigo pela transgressão cometida com os anjos e pela criação dessa raça diabólica e aberrante.

Chănôk (Enoc) 19:2 — "E as mulheres dos anjos extraviados também se converterão em sereias."

Se as sereias são as mulheres que se uniram com os anjos Vigilantes e corromperam sua natureza, o que seria então um filho de uma sereia?

Um nefelim híbrido.

Por isso, se observarmos as histórias e lendas, as sereias são sempre femininas, porque carregam em si a marca do castigo e da maldição por seu pecado.

6.3 O Renascimento do Mal: Babel e os Patriarcas

6.3.1 Migração para Babilônia

(Os descendentes dos nefelinos depois do Dilúvio).

Os sobreviventes dos nefelinos desceram do Ararat e se estabeleceram nas terras de Shinar (também chamadas de Senaar ou Sinar). Ali começaram a se multiplicar. Mais tarde, essa mesma região recebeu o nome de Babel, ou Babilônia.

Berēshīṯh (Gênesis) —11:1–9
"E era então toda a terra de uma língua e de umas mesmas palavras. E aconteceu que, enquanto viajavam do leste, encontraram uma planície na terra de Shinâr e habitaram ali. (Shinâr: uma planície em Babilônia – Sinar). E disseram uns aos outros: "Vamos, façamos tijolos e cozamo-los no fogo." E foi-lhes o tijolo em lugar de pedra, e o betume em lugar de argamassa. E disseram: "Vamos, edifiquemos para nós uma cidade e uma torre, cuja cúspide chegue ao céu; e façamos para nós um nome, para que não sejamos espalhados sobre a face de toda a terra." E YAHUAH desceu para ver a cidade e a torre que edificavam os filhos dos homens. E disse YAHUAH: "Eis que o povo é um só, e todos têm a mesma linguagem; e começaram a obrar, e nada os fará desistir agora do que planejaram." "Agora, pois, desçamos e confundamos ali suas línguas, para que um não entenda a fala do outro." Assim os espalhou YAHUAH dali sobre a face de toda a terra, e deixaram de edificar a cidade. Por isso foi chamado o nome dela Bâbel, porque ali YAHUAH confundiu a linguagem de toda a terra, e dali os espalhou sobre toda a face da terra."

Bâbel: confusão; Babel (Babilônia), incluindo o império babilônico.

Entendamos o que estamos lendo: no capítulo 10, Nôach faz a repartição da terra entre seus filhos e descendentes. Não devemos nos esquecer de que este é um relato feito por Môsheh dos acontecimentos que Yahuah lhe revelou.

O que acontece no capítulo 11 de Berēšhīṯh é o reconto da tentativa dos nefelinos de reconectar-se com o céu — um ato de rebelião de seus descendentes híbridos.

6.3.2 Babilônia

(A civilização híbrida que desafiou o céu)

Shinar, Sinar ou Senaar é o antigo nome de Babilônia.

> *Yôbêl (Jubileus) 10:18 — "No primeiro ano do segundo septenário do trigésimo terceiro jubileu, Fáleg tomou uma mulher chamada Lebana, filha de Senaar. Esta lhe deu à luz um filho, no quarto ano deste jubileu, ao qual pôs o nome de Reu, pois se disse: 'Os filhos dos homens têm sido maus: conceberam o perverso pensamento de construir para si uma cidade e uma torre na terra de Senaar.'"*

Quem são esses filhos dos homens mencionados em Berēšhīṯh e Jubileus?

São os mesmos que encalharam no Monte Ararat — os nefelinos —, que depois desceram para a terra de Shinar. Esses "filhos dos homens" pertencem ao segundo grupo da humanidade, não ao primeiro (veremos no capítulo 7).

> *Yôbêl (Jubileus) 10:19 — "Com efeito, haviam emigrado da terra de Ararat para o oriente, a Senaar, e por aquele tempo construíram a cidade e a torre, enquanto diziam: 'Subamos por ela ao céu.'"*

Parece lógico que nenhum humano criado por Yahuah conceberia tamanha loucura — tentar subir ao céu pela força. Esses episódios, portanto, foram provocados pelos nefelinos.

"*Começaram a construir e, no quarto septenário, cozinhavam tijolos no fogo que depois utilizavam como pedras. O cimento com que as uniam era asfalto que brotava do mar e de poços de água na terra de Senaar. Os construtores tardaram cerca de quarenta e três anos... E disse Yahuah, nosso Êlôhîym: 'Eis que são um só povo e começaram a trabalhar juntos; e já não cessarão. Desçamos e confundamos suas línguas, para que não se entendam e se dispersem por cidades e nações, sem plano comum até o dia do juízo.' Então Yahuah desceu, e nós com Ele, para ver a cidade e a torre que haviam construído os filhos dos homens. Misturou todas as vozes de sua língua, e não se entendiam uns aos outros; deixaram a construção da cidade e da torre. Por isso se chamou Babel toda a terra de Senaar, pois ali Yahuah confundiu todas as línguas dos filhos dos homens, e dali se dispersaram por suas cidades, segundo suas línguas e nações. Yahuah enviou um grande vento à torre, que a derrubou; sua localização estava entre Asur e Babel, no país de Senaar, ao qual deu o nome de 'Ruína'.*"

6.3.3 Torre de Babel

(A tentativa de alcançar o trono divino pela força)

Nunca nos explicaram nem nos contaram a verdade. Por séculos, estivemos cegos e enganados, acreditando em mentiras, pensando que todas as catástrofes da humanidade foram causadas pelos humanos criados por Yahuah Êlôhîym.

Porém, a realidade é completamente diferente.

Os habitantes de Shinar — também chamada Babel ou Babilônia

— eram os sobreviventes ao Dilúvio dos nefelinos, filhos das mulheres e dos anjos Vigilantes que pecaram.

E sim, tinham sangue humano, mas não eram 100% parte da criação de Yahuah. Eles não possuíam o espírito que os conecta ao bem ou a Yahuah; o único "chip" que possuíam era o da maldade.

Esses descendentes dos anjos e das mulheres que habitavam em Babel se multiplicaram, mas sua maldição era que nunca poderiam subir ao céu nem invocar Yahuah, porque eram uma aberração na criação divina: seres híbridos, com sangue humano e angelical. Por isso, tentaram alcançar o céu pela força, já que não lhes era permitido o acesso.

Naquele tempo, a humanidade falava uma só língua — "Eber" (hebraico). Então todos se uniram para construir uma torre que chegasse ao céu.

Yahuah viu seu propósito e entendeu que nada os impediria de realizá-lo.

Os nefelinos queriam acesso ao céu, e nada os deteria. Esse foi o verdadeiro propósito da Torre de Babel.

Então Yahuah desceu e destruiu a torre, confundiu suas línguas e deu origem aos idiomas do mundo. Também os espalhou pelos confins da terra, para que nunca mais se unissem em um mesmo propósito — pois só geravam destruição e buscavam usurpar o céu.

Babel e sua torre não foram destruídas nem suas línguas confundidas por causa dos humanos puros que Yahuah criou, mas por causa da criação diabólica das mulheres e dos anjos Vigilantes.

Nunca foi culpa da criação original de Yahuah — foi o resultado da união proibida entre os anjos caídos e as mulheres humanas.

Babel significa "confusão", e é fiel ao seu nome. Continuará confundindo até o fim dos tempos, porque sua origem e propósito são nefelinos, opostos a tudo o que é bom e procede de Yahuah.

Capítulo 7
As Duas Sementes

(A Linha Pura de Yahuah e a Descendência Corrompida dos Nefelín)

Os dois grupos existentes na humanidade: Duas linhagens, dois destinos: um guiado pelo ruach de Yahuah, e outro pela corrupção do adversário.

7.1 Dois grupos após a corrupção dos Vigilantes

Desde o momento da corrupção dos anjos Vigilantes ao se unirem com as mulheres e criarem essa raça aberrante, depois da destruição do dilúvio, a humanidade ficou dividida em dois grupos.

Grupo 1: Os humanos criados por Yahuah Êlôhîym e que carregam o ruach de Yahuah para se propagarem e se multiplicarem na terra. Eles são chamados filhos dos homens, PORÉM carregam o ruach de Yahuah.

Grupo 2: Os híbridos humanos que têm sangue humano das mulheres e sangue angelical dos anjos Vigilantes. Estes não possuem o ruach de Yahuah Êlôhîym e não podem buscar nada que tenha a ver com o bem, muito menos a Yahuah Êlôhîym. Também chamados filhos dos homens, PORÉM estes não carregam o ruach de Yahuah (criados pelas mulheres e pelos anjos Vigilantes que não procriam).

7.2 Dispersão nefelina após Babel

Vamos ampliar este posicionamento para melhor compreensão. Os habitantes de Babel são os nefelinos; estes tentam chegar ao céu, erigindo a torre, mas Yahuah então derruba a torre e confunde suas línguas para que não possam se unir em uníssono em seu propósito diabólico. Todos esses nefelinos que carregam sangue humano (mulher) e dos anjos Vigilantes são espalhados por todos os lados da civilização conhecida naquele tempo.

E aqui começa o quebra-cabeça. Primeiro, os homens (humanos com sangue nefelino) não apresentam muito perigo, porque seguem com o espírito dos nefelinos; portanto, ainda não podem transmitir o que não têm, isto é, o gene ou chip de Yahuah a seus filhos.

Entretanto, o perigo maior que a criação de Yahuah está prestes a presenciar é, outra vez, com/e pelas mulheres. Quando as mulheres nefelinas conseguem se unir a um homem (não nefelino, mas com o ruach de Yahuah), então a criatura que nasce dessa nova união vem com dois genes ou chips. Nasce com o gene nefelino por parte da mãe nefelina e nasce com o gene de Yahuah, dado por parte do homem de Yahuah.

Assim, esse novo ser, que ainda segue tendo uma parte híbrida ou descendência nefelina em seu sangue, pela primeira vez consegue ter a oportunidade de participar do gene de Yahuah Êlôhîym, porque lhe foi transmitido pelo homem.

7.3 Proibições e mandatos sobre os casamentos

Esta é a razão pela qual Yahuah sempre proibiu que os homens tomassem mulheres das nações pagãs com sangue nefelino; do mesmo modo, por isso, em todas as conquistas que ordenava a seu povo, dizia que exterminassem a todos, do menor ao mais velho, porque levavam o gene nefelino, e era necessário erradicá-los.

Mas, como sempre, os homens com o gene de Yahuah decidiram unir-se às mulheres pagãs, gentias ou com sangue nefelino.

Com essas ações, o grupo dois (os humanos nefelinos) conseguiu misturar-se ao grupo um (os humanos de Yahuah) e, então, popular ou corromper a humanidade — a criação de Yahuah — mais uma vez, que é onde nos encontramos. A diferença agora é que estes com descendência nefelina ou sangue de demônio têm a oportunidade de decidir se querem sucumbir ao seu gene nefelino ou entregar-se ao gene de Yahuah, que lhes foi compartilhado quando o homem (humano criado por Yahuah) o gerou unindo-se às mulheres nefelinas.

Este é o ponto chave para se entender as verdades das Escrituras. Muitos dirão tantas coisas, e não quererão reconhecer, assimilar nem aceitar esta verdade. E isso é normal; no entanto, aqueles a quem Yahuah abrir os olhos do entendimento finalmente captarão a mensagem e a magnitude da maldade na humanidade e na criação de Yahuah.

7.4 Mistura de linhagens e discernimento pelos frutos

O que, no princípio, eram dois grupos claramente distintos já não apresenta mais definição nem entre eles. Ambos foram misturados e se apresentam como um só grupo na humanidade, e somente os frutos ou ações determinarão quem pertence a quem — a Yahuah ou aos demônios nefelinos. Por isso Yahusha diz que é preciso deixar que os dois grupos cresçam juntos, porque estão misturados, e só no momento da ceifa Yahuah se encarregará de separar os malignos dos verdadeiros.

Mattithyâhû (Mateus) 13:24–30

"Outra parábola lhes apresentou, dizendo: O Reino dos Céus é

semelhante ao homem que semeia boa semente em seu campo. Mas, enquanto dormiam os homens, veio seu inimigo e semeou joio entre o trigo, e foi-se. E quando a erva brotou e deu fruto, então apareceu também o joio. E, chegando os servos do pai de família, disseram-lhe: Amo, não semeaste boa semente em teu campo? Donde, pois, vem este joio? E ele lhes disse: Um homem inimigo fez isto. E os servos lhe disseram: Queres, pois, que vamos e o arranquemos? E ele disse: Não; para que, ao recolher o joio, não arranqueis também com ele o trigo. Deixai crescer juntamente um e outro até a colheita; e, ao tempo da colheita, direi aos ceifeiros: Recolhei primeiro o joio e atai-o em feixes para o queimar; mas recolhei o trigo em meu celeiro."

Frequentemente nos recusamos a entender o que as Escrituras nos dizem. Yahusha, nosso Mashíyach, nos diz com clareza o que acontece e como devemos agir, e, ainda mais, onde se encontra a semente do maligno.

• Amo que semeia a boa semente: Yahusha

• "Um homem inimigo fez isto": O inimigo – adversário – Mastema

• "Deixai crescer juntamente um e outro até a colheita": Crescem juntos o trigo e o joio. Mas, o que significa isto realmente? Os malignos ou servos dos nefelinos crescem junto com os servos de Yahuah. Mas... onde? É claro e simples: nas igrejas e congregações. Estas estão cheias dos servos de Yahuah e também dos servos das hostes do mal, a descendência nefelina. Estamos juntos no mesmo caminho, nos mesmos ensinamentos, e devemos crescer juntos (servos de Yahuah e servos dos nefelinos). Às vezes, como diz Yahush, podemos reconhecê-los pelos seus frutos, mas é unicamente no fim dos tempos que seremos separados no dia do juízo. Yahusha o diz repetidamente: "Nunca vos conheci, obreiros da iniquidade; ao fogo eterno"? Estes estavam nas congregações, nas igrejas, nos grupos, supostamente praticando, mas não a verdade de Yahuah.

• Tempo da colheita: O fim – juízo final

• Os ceifeiros: Os anjos

• "Recolhei primeiro o joio" (queimar): Os ímpios são queimados, consumidos com fogo.

• "O trigo em meu celeiro": Os justos no tabernáculo ou na Nova Jerusalém

É de suma importância recordar que tanto o trigo como o joio estão entrelaçados, misturados. As raízes são tão similares e estão unidas umas às outras, de modo que, se se tenta arrancar uns dos outros antes, corre-se o risco de arrancar algum trigo, e Yahuah não deseja isso. É preciso esperar até o fim do tempo, quando os anjos forem enviados primeiro para atar os ímpios, híbridos, descendentes dos nefelinos e seus seguidores, e queimá-los.

O apóstolo Paulo também explica e ilustra este dilema, quando nos apresenta a lei da morte e a lei de Êlôhîym.

Rómĕos (Romanos) 7:14–25

"Porque sabemos que a lei é espiritual; mas eu sou carnal, vendido ao pecado.

Porque o que faço, não o entendo; pois não faço o que quero, mas o que aborreço, isso faço. De maneira que já não sou eu quem faz isto, mas o pecado que habita em mim.

E eu sei que em mim (isto é, na minha carne) não habita bem algum; porque o querer o bem está em mim, mas não consigo efetuá-lo. Porque não faço o bem que quero; mas o mal que não quero, esse faço. E, se faço o que não quero, já não o faço eu, mas o pecado que habita em mim. Assim que, querendo eu fazer o bem, acho esta lei: o mal está em mim. Porque, segundo o homem interior, tenho prazer na lei de Êlôhîym; Mas vejo outra lei em meus membros que milita contra a lei do meu espírito, e que me cativa à lei do pecado que está em meus membros.

Graças dou a Êlôhîym, por Yahusha Mâshîyach Âdônây nosso.

Assim que, eu mesmo, com a mente, sirvo à lei de Êlôhîym, mas com a carne, à lei do pecado."

7.5 Qeynan – Pai do ocultismo

(O homem que encontrou os escritos dos Vigilantes e ressuscitou sua sabedoria proibida).

Passaram as gerações de Nôach e de Shem, filho de Nôach.

Então, na geração de Arpakshad, nasceu um personagem que foi ocultado ou tentaram ocultar em muitas versões bíblicas: Qeynan (Cainan).

Os mal-intencionados — ou descendentes desse homem, filho de Arpakshad, chamado Qeynan — decidiram que era melhor apagar sua genealogia completa das Escrituras para que não se soubesse quem realmente foi esse personagem.

No entanto, o Livro dos Jubileus nos revela a razão:

Qeynan, filho de Arpakshad, descendente de Shem e Nôach, teve acesso a um conhecimento proibido.

Quando Qeynan já era adulto e estava pronto para edificar sua vida, saiu para construir uma cidade — como era costume dos filhos quando alcançavam a idade adulta. Mas, no caminho, Qeynan encontrou em uma caverna "escritos antigos" gravados nas rochas. Qeynan aprendeu essas escrituras, copiou-as e as escondeu, sem dizer nada, porque sabia que seu trisavô Nôach se irritaria.

E, por esses ensinamentos encontrados nas escrituras que copiou, guardou, compartilhou e ensinou, Qeynan tornou-se um transmissor do conhecimento proibido.

Yôbêl (Jubileus) 8: 1–3

"No vigésimo nono jubileu, no primeiro septenário, no princípio, Arpakshad tomou para si uma mulher chamada Râsûêyâ, filha de Shûshan, filha de Êylâm, que lhe deu um filho no terceiro ano deste septenário, ao qual chamou Qêynân.

O filho cresceu, e seu pai ensinou-lhe a escrever, e ele foi procurar um lugar onde pudesse apoderar-se de uma cidade. Encontrou uma escritura que as gerações anteriores haviam gravado na rocha, e leu o que continha, transcreveu-a e pecou por isso. Porque continha o ensino dos Vigilantes, segundo o qual costumavam observar os presságios do sol, da lua e das estrelas em todos os sinais do shâmayim. Este foi o pai do ocultismo, quem preservou as ensinanças proibidas dos nefelinos e as introduziu no povo de Yahuah, ou seja, entre as famílias descendentes de Nôach, que não conheciam nem sabiam de tais práticas. Somente os nefelinos e seus descendentes que habitavam em Babel tinham conhecimento dessas práticas e ensinanças."

7.6 Abraham e Lot

(Os justos entre os povos corrompidos)

Passaram várias gerações (Shelach, Êber, Péleg, Re'û, Śerûg, Nâchôr, Terach) e finalmente chegamos a Abraham. Como Yahuah havia abençoado em grande maneira seu servo Abraham, e seu sobrinho Lot, que era seu único herdeiro então, os pastores de ambos começaram a disputar por pastagens. Então Abraham e Lot decidiram se separar.

Abraham ficou na terra de Canaã e, após a separação, instalou-se em Hebrom, perto do carvalho de Manre, onde edificou um altar a Yahuah.

Lot, por sua vez, escolheu a planície do Jordão por ser muito fértil e foi morar nas cidades da planície, armando suas tendas até Sodoma.

> *Berēshīṯh (Gênesis) 13:10–13 — "E alçou Lôṭ seus olhos, e viu toda a planície do Yardên, que toda ela era bem regada, antes que YAHUAH destruísse Sedôm e Ămôrâh, como o jardim de YAHUAH, como a terra de Mitsrayim, entrando em Tsôar. Então Lôṭ escolheu para si toda a planície do Yardên; e viajou Lôṭ para o oriente, e se apartaram um do outro. Abrâm se assentou na terra de Kenaan, e Lôṭ se assentou nas cidades da planície, e foi pondo suas tendas até Sedôm.*

Mas os homens de Sedôm eram maus e pecadores para com YAHUAH em grande maneira."

7.7 Os reis nefelinos e a guerra

(Os governantes descendentes dos híbridos contra os eleitos de Yahuah).

Está claro, então, que Lot se estabeleceu nas regiões de Sodoma, na planície do Jordão. Contudo, mais adiante, vieram reis para conquistar essas terras, e os reis que vieram procediam de Shinar ou Babel. Ou seja, os reis dessas nações — descendentes dos nefelinos — foram os conquistadores.

Berēšhīṯh (Gênesis) 14:1–5,11

"E aconteceu nos dias de Amrâphel, rei de Shinâr, Ăryôk, rei de Ellâsâr, Kedorlâômer, rei de Êylâm, e Tidâl, rei de nações, Que estes fizeram guerra contra Bera, rei de Sedôm, e contra Birsha, rei de Ămôrâh, e contra Shinâb, rei de Admâh, e contra Shemêber, rei de Tsebôîym, e contra o rei de Bela, que é Tsôar. Todos estes se juntaram no vale de Śiddîym, que é o Mar Salgado. E no ano décimo quarto veio Kedorlâômer, e os reis que estavam com ele, e derrotaram os Râphâ em Ashterôth Qarnayim, aos Zûzîym em Hâm, e aos Êymîym em Shâwêh Qiryâthayim. Tomaram também a Lôṭ, filho do irmão de Abrâm, que morava em Sedôm, e os seus bens, e foram-se."

Eles conquistaram Sodoma, Gomorra e todas as cidades vizinhas. Nessa guerra tomaram prisioneiro Lot, sobrinho de Abraham. Então Abraham se armou com seus servos e resgatou seu sobrinho, que continuou morando onde estavam todas as suas posses: nas terras de Sodoma, que tinham sido conquistadas pelos reis de Babel, ou reis nefelinos. Lembrem-se de que Shinar era o antigo nome de Babel, e quem eram os habitantes de Babel? Como já determinamos, os nefelinos.

Yôbêl (Jubileus) 10:25 — "Por esta razão, toda a terra de Sinar se chama Babel, porque ali Yahuah confundiu toda a linguagem dos filhos dos homens, e dali se dispersaram por suas cidades, cada um segundo sua língua e sua nação."

Portanto, os novos habitantes ou povoadores dessas cidades — Sodoma, Gomorra e seus povoados vizinhos — eram, antes, descendentes dos nefelinos. Essas cidades estavam cheias e povoadas por seus conquistadores, os reis e habitantes de Babel.

Capítulo 8
Sodoma e Gomorra

*(Cidades que simbolizam a plenitude
do pecado e a justiça de Yahuah)*

8.1 A repetição do pecado dos Vigilantes e sua destruição total

Passaram-se os tempos e todas essas cidades se multiplicaram e se povoaram em grande maneira, sem esquecer que os novos residentes eram remanescentes dos nefelinos.

Como já sabemos, eles não possuíam o "chip" do bem nem nada relacionado ao que é bom. Seu "chip" era destruição, guerra e tudo o que se relaciona com a maldade, porque o gene deles era unicamente maligno. Ainda que seu sangue estivesse mesclado com o sangue das mulheres, eram uma raça mestiça, mesclada ou híbrida.

Portanto, seu pecado foi tão grande que sua aberração chegou mais uma vez diante do trono de Êlôhîym, que desceu para ver o que estavam fazendo os habitantes de Sodoma e Gomorra. Desceram três anjos. O Anjo de Yahuah ficou dialogando com Abraham, porque sabia que Abraham era puro. Por essa razão, não quis ocultar-lhe o decreto que havia saído para a destruição de Sodoma e Gomorra.

Abraham quis interceder pelos habitantes de Sodoma diante de Yahuah e lhe pediu misericórdia começando com cinquenta justos:

Berēšhȋṯh (Gênesis) 18:23-24 — "E chegou-se Abrâhâm e disse: Destruirás também o justo com o ímpio? Porventura há cinquenta justos dentro da cidade: destruirás também e não perdoarás ao lugar por cinquenta justos que estejam dentro dele?"

Mas não havia cinquenta pessoas justas nessas cidades. Então Abraham desceu de cinquenta a quarenta, a trinta, a vinte e, finalmente, a dez. Entre todos os habitantes dessas cidades não havia nem dez justos, porque não estavam habitadas por um remanescente puro de Yahuah, mas pelos remanescentes malditos dos nefelinos.

Quando Abraham já não pôde reduzir mais o número, o Anjo de Yahuah se foi.

Mas os outros dois anjos entraram na cidade ao entardecer e sentaram-se na praça. Todo mundo os viu chegar, mas ninguém lhes deu abrigo, exceto Lot, sobrinho de Abraham, quem tinha o chip dos puros ou filhos de Yahuah.

Berēshīth (Gênesis) 19:1 — "E chegaram, pois, dois anjos a Sedôm à queda da tarde; e Lôt estava sentado à porta de Sedôm. E, vendo-os Lôt, levantou-se a recebê-los, e inclinou-se com o rosto em terra;"

Lot lhes ofereceu alojamento; eles não queriam aceitar, mas ele insistiu, porque sabia o quão perigoso era que esses viajantes estivessem abertamente na cidade.

Lot não tinha ideia de quem eram esses homens, mas os descendentes dos nefelinos, que tinham parte da natureza angelical, perceberam de imediato. Eles perceberam instantaneamente que eram dois anjos.

Lot não sabia, mas os habitantes da cidade — descendentes nefelinos — se deram conta. Então foram todos à casa de Lot para buscar esses homens. Eles queriam "conhecê-los" — isto é, deitar-se com eles, ter relações, coito, sexo —, porque sabiam quem eram. Lot lhes ofereceu suas duas filhas virgens, mas eles não estavam interessados em virgens nem em mulheres. Eles estavam interessados em repetir o grande pecado de seus pais: engendrar uma nova raça com os anjos mais uma vez.

Por isso Yahuah apressou a destruição desses habitantes. Para deixar claro: a destruição foi para os habitantes descendentes nefelinos, PORÉM aos humanos não descendentes de nefelinos, Yahuah os resgata. Por séculos nos ensinaram que foi por causa da homossexualidade, mas se a homossexualidade e o lesbianismo existem e são pecados como os demais que abundam entre os descendentes malditos dos nefelinos, então deveria haver algo mais por trás dessas ações.

Sim, havia: recriar o grande pecado de seus pais, unir-se com os anjos para criar outra raça maldita. Mas desta vez, Yahuah não permitiria.

Essa foi a verdadeira razão pela qual Yahuah destruiu não apenas Sodoma e Gomorra, mas também todas as cidades vizinhas. Mas lembremos que apenas quatro pessoas foram resgatadas ou perdoadas de toda essa população, e não por amor a eles, mas por amor a Abraham: Lot, sua esposa e suas duas filhas.

Berēšhīṯh (Gênesis) 19:29 — "Assim foi que, quando destruiu ĔLÔHÎYM as cidades da planície, lembrou-se ĔLÔHÎYM de Abrâhâm, e enviou fora a Lôṭ do meio da destruição, ao assolar as cidades onde Lôṭ estava."

Entretanto, essas três mulheres levavam consigo os ensinamentos dos nefelinos, pois eram habitantes de Sodoma. Por isso a esposa de Lot, ao olhar para trás, converteu-se em estátua de sal.

Yôbêl (Jubileus) 16:5 — "Neste mês Yahuah executou seus juízos sobre Sedôm, Ămôrâh, Tsebôıym e toda a região do Yarden. Queimou-os com fogo e enxofre e os destruiu até o dia de hoje. Eis que vos declarei todas as suas obras: que são malvados e pecadores em extremo, que se contaminam, que cometem fornicação em sua carne e que obram imundície na terra."

Esta descrição é a do povo dos nefelinos. Entendamos o que realmente aconteceu: Sodoma, Gomorra e todas as cidades vizinhas foram destruídas pelo pecado dos nefelinos.

8.2 Lot e suas filhas – os únicos sobreviventes de Sodoma e Gomorra

(A descendência de Amom e Moabe, maldita desde sua origem).

As filhas de Lot, que haviam vivido dentro da sociedade dos nefelinos e aprendido seus ensinamentos, idealizaram um plano: embriagar seu pai Lot e deitar-se com ele para ter descendência. Ao que parece, elas não entendiam que havia mais seres humanos na terra e temiam ficar sem descendência — segundo seu raciocínio. Elas realmente queriam ter descendência porque serviam a Yahuah? Ou porque haviam aprendido as más práticas dos nefelinos? (Pensamento reflexivo).

Na primeira noite embriagaram seu pai Lot, e uma delas se deitou com ele. Repetiram o ato na segunda noite. Mas que embriaguez foi essa, em que Lot aparentemente não se deu conta, segundo o relato de Berēšhīth? (Pensamento reflexivo).

Uma das filhas teve a Amom como filho, e a outra, a Moabe. Estes foram os filhos dessa união aberrante entre as filhas e seu pai. Aparentemente, este seria o fim da história, mas não é. A verdade deste relato tem sido ocultada, mas não há verdade oculta que não venha à luz.

O Livro dos Jubileus nos diz que Yahuah amaldiçoou a descendência dessa união porque Lot se deitou com suas filhas. É óbvio que Lot sabia o que tinha feito. Não devemos fingir nem pensar que Lot não se deu conta ou que não lembrou do ocorrido.

Por isso Yahuah o amaldiçoou e declarou o destino de Lot e de sua descendência para sempre:

Yôbêl (Jubileus) –16:8-9: "E ele e suas filhas cometeram pecado sobre a terra, como não se havia cometido na terra desde os dias de Adão até seu tempo; pois o homem se deitou com suas filhas. E eis que se ordenou e se gravou acerca de toda a sua descendência, nas tábuas de shamayim, que fossem tirados e desarraigados, e que se executasse sobre eles juízo como o juízo de Sedom, e que não ficasse descendência do homem sobre a terra no dia da condenação."

Aos filhos desta união — Amom (amonitas) e Moabe (moabitas) — foi decretado que seriam desarraigados completamente da face da terra, junto com todos os seus descendentes. Nem um só ficará sobre a terra desta linhagem para o dia do juízo final. Todos serão completamente exterminados.

Tsephanyâhû (Sofonias) 2:9 — "Portanto, vivo Eu, diz YAHUAH TSÂBÂ, ĔLÔHÎYM de Yâshârêl, que Môâb será como Sedôm, e os filhos de Ammôn como Ămôrâh; campo de urtigas, e mina de sal, e assolamento perpétuo: o resto do meu povo os saqueará, e o resto da minha gente os herdará."

Moabe é chamada Jordânia hoje em dia, e Amom estendeu suas fronteiras ao oeste até o rio Jordão, ao norte até Gileade e ao sul até Hesbom, entre o deserto da Síria e o rio Jordão, e entre os rios Jaboque e Arnom, na atual Jordânia. Na época persa, o termo "amonita" havia se tornado meramente geográfico e se aplicava sobretudo às tribos árabes que se haviam assentado no território do antigo reino de Amom. Milcom (talvez uma variação de Moloch) era a deidade principal, enquanto El, Baal e a deidade lunar eram também outras deidades destacadas.

8.3 O Legado dos Vigilantes

(Os segredos transmitidos pelos caídos que ainda governam a humanidade)

8.3.1 Ensinanças dos anjos Vigilantes

(Os mistérios revelados que corromperam a terra).

Sempre se disse que o detrimento da humanidade proveio dos ensinamentos proibidos que os anjos Vigilantes impartiram a suas mulheres, e estas a seus filhos, disseminando-se assim pela sociedade. Para entender melhor as ramificações dessas ensinanças, recordemos o que diz:

> *Chănôk (Enoc) 10:7 — "para que todos os filhos dos homens não se percam devido ao mistério que os Vigilantes descobriram e ensinaram a seus filhos."*

Este mistério, que tanto fascina a humanidade, é a causa de sua destruição. Mas é natural que fascine os descendentes dos nefelinos, porque são os j ; enquanto que, para os filhos de Yahuah, não passam de doutrinas demoníacas.

> *Chănôk (Enoc) 16:3 — "Vocês estiveram em shamayim, mas ainda não lhes tinham sido revelados todos os mistérios, e conheceram alguns sem valor, e com a dureza de seus corações os deram a conhecer às mulheres, e mediante esses mistérios, mulheres e homens multiplicaram o mal na terra."*

Os Vigilantes que desceram sobre a terra revelaram aos humanos o que era secreto e os induziram a pecar. A isso se soma a grande falta de Qeynan, que transmitiu as ensinanças dos Vigilantes à humanidade, convertendo-se em pai do ocultismo. Sabendo que Babel é o berço dos descendentes dos nefelinos, entende-se que todas os ensinamentos ocultas, proibidas e demoníacas provêm deles. Mas quais são essas crenças?

Capítulo 9
Ensinos dos Vigilantes

(Os mistérios revelados pelos caídos: magia, guerra, astros e a raiz do ocultismo humano).

9.1 Magia, armas, cosmologia e a origem oculta de todo conhecimento proibido

Chănôk (Enoque) 7:1 — "E todos os demais, junto com eles, tomaram mulheres, e cada um escolheu uma para si, e começaram a aproximar-se delas e a contaminar-se com elas, e lhes ensinaram feitiços e encantamentos, e a cortar raízes, e lhes ensinaram as plantas."

9.1.1 A bruxaria (feitiços):

A bruxaria é o conjunto de crenças, conhecimentos práticos e atividades atribuídos a certas pessoas chamadas bruxas ou bruxos, que supostamente possuem habilidades mágicas. Embora muitos não estejam familiarizados com o conceito, a famarkia pertence a este gênero ou prática dos nefelinos, em que a farmakia é a antiga prática das bruxas ou feiticeiras.

Apokálypsis (Apocalipse) 9:21 — "Não se arrependeram nem de seus assassinatos, nem de sua farmakía, nem de sua idolatria, nem de seus roubos."

9.1.2 A magia (encantamentos)

A magia, entendida como arte ou ciência oculta, consiste em crenças e práticas que buscam produzir resultados sobrenaturais por meio de rituais, conjurações e invocações.

O termo "magia" também é usado para referir-se à arte do ilusionismo, que emprega técnicas ou truques para criar ilusões ou efeitos especiais em espetáculos de entretenimento.

9.1.3 O corte de raízes e o uso de plantas:

Aqui nos referimos à prática com conotação negativa, entenda-se, os ensinamentos para usá-las para o mal, em bruxarias, feitiçarias, magias e demais artes, poções ou preparados do mal. Isto não inclui o uso das plantas com propósito medicinal guiado por Yahuah. O ramo da farmakia é formado por estas três práticas primordiais dos nefelinos.

Apokálypsis (Apocalipse) 18:23 — "E luz de lâmpada não brilhará mais em ti, nem voz de noivo nem de noiva se ouvirá mais em ti; porque teus comerciantes eram os grandes da terra, pois por tua farmakía foram enganadas todas as nações."

9.2 Beber sangue

Esta é uma das práticas favoritas dos nefelinos e de seus descendentes, a qual passou às nossas gerações e imperou até os dias de hoje de forma direta, mesmo sem nos darmos conta. Beber sangue é o mesmo que comer sangue.

Wayyīqrā (Levítico) 17:14 — "Porque a alma de toda carne, sua vida, está em seu sangue; portanto, tenho dito aos filhos de Yâshârêl: Não comerão o sangue de nenhuma carne, porque a vida de toda carne é seu sangue; qualquer que o comer será eliminado."

Debārīm (Deuteronômio) 12:23 — "Somente esforça-te para não comer sangue; porque o sangue é a vida; e não deves comer a vida juntamente com sua carne."

Prásso (Atos) 15:29 — "Que se abstenham de coisas sacrificadas a ídolos, e de sangue, e do sufocado, e de pornia; das quais coisas, se se afastarem, bem farão. Saudações."

Chănôk (Enoque) 7:5 — "E começaram a pecar contra as aves, as bestas, os répteis e os peixes, e a devorar a carne uns dos outros e a beber o sangue."

No meu país, a República Dominicana, existe uma prática comum da qual todos participam e gostam; chama-se comer "morcillas". Elas são preparadas com as tripas dos animais e recheadas com o sangue do animal. Esta prática assume nomes diferentes dependendo do país.

•América Latina:

Moronga: México, Nicarágua, El Salvador, Guatemala e Honduras.

Sangrecita: Peru.

Prieta: Chile.

Rellena: alguns países da América Latina.

• Espanha:

Morcilla: o nome mais comum, com variações regionais como a de Burgos, de León, de Palencia ou de Beasain.

Fariñón ou Fariñona: Astúrias.

Emberzao ou Pantrucu: Astúrias.

• Outros países:

Blutwurst: Alemanha e Áustria (significa "linguiça de sangue").

Morcilla de Colônia (Flönz): Renânia, Alemanha.

Soondae: Coreia. Dinuguan: Filipinas.

9.3 Asael (Azazel) e a tecnologia da guerra e da vaidade

Chănôk (Enoque) 8:1 — "E Ăzâzêl ensinou aos homens a fabricar espadas, facas, escudos e couraças, e lhes deu a conhecer os metais da terra e a arte de trabalhá-los, braceletes e adornos, o uso do antimônio, o embelezamento das pálpebras, toda classe de pedras preciosas e todos os corantes tintoriais."

Toda injustiça sobre a terra, revelando segredos eternos que se cumprem nos céus; e todos começaram a revelar segredos às suas esposas.

• Ensinou a fabricar espadas de ferro: instrumentos de guerra e morte.

• Couraças de cobre: instrumentos para proteger-se na guerra.

• Ouro e prata em braceletes e adornos: adornos supérfluos ou vaidades.

• Às mulheres ensinou o uso do antimônio: associado principalmente ao uso histórico em cosméticos para delinear os olhos e sobrancelhas.

• Maquiagem dos olhos.

• Pedras preciosas.

• Tinturas.

(Você pode consultar as referências na Bibliografia para entender a evolução moderna dessas práticas, lembrando que, muitas

fontes desconhecem a origem real destas práticas — os nefelinos.)

9.4 Outros Vigilantes e seus ensinamentos nefelinos

> *Chănôk (Enoque) 8:3 — "Semyaza ensinou encantamentos
> e estacas de raízes; Armaros, a resolução de encantamentos;
> Baraqiyal, a astrologia; Kokhebel, as constelações; Ezeqeel, o
> conhecimento das nuvens; Araqiel, os sinais da terra; Shamsiel, os
> sinais do sol; e Sariel, o curso da lua."*

• Shemihaza: Encantamentos e corte de raízes.

• Hermoni (Amaros): Romper feitiços, praticar bruxaria, magia e habilidades afins. Isto quer dizer todas as habilidades relacionadas a essas práticas, mesmo que hoje em dia possam ter nomes diferentes; não há diferença, pois no fim são ensinamentos diabólicos passados de geração em geração.

• Baraqel: Os sinais dos raios (astronomia).

• Kokabel: Os presságios das estrelas (constelações) – astronomia e astrologia.

• Zeqel: Os relâmpagos (conhecimento das nuvens) e seus significados – astronomia e astrologia.

• Artaqof (Araqi-el): Os sinais da terra – geodesia, topografia.

• Shamsiel: Os presságios do sol – astrologia, física solar e heliofísica.

• Sahariel: Os da lua (curso da lua) – astrologia, selenografia.

> *Chănôk (Enoque) 9:6 — "Vês o que fez Ăzâzêl, que ensinou
> toda injustiça na terra e revelou os segredos eternos que se
> conservavam no shâmayim, e que os homens lutavam para
> aprender."*

Chănôk (Enoque) 19:1 — "E Ûrıyêl me disse: Aqui estarão os anjos que se uniram às mulheres, e seus espíritos, adotando diversas formas, estão contaminando a humanidade e a extraviarão para que sacrifique a demônios como deuses. Aqui estarão até o dia do grande juízo, no qual serão julgados até sua destruição."

Sacrificar a demônios como deuses é exatamente o ponto em que nos encontramos hoje em dia, ainda que não possamos ver ou aceitar – a prática principal dos nefelinos para arrastar todos quantos puderem à perdição com eles.

Chănôk (Enoque) 69:8,12

"E o quarto se chamava Penemuel: Ensinou aos filhos dos homens o amargo e o doce, e lhes ensinou todos os segredos de sua sabedoria. E instruiu a humanidade na escrita com tinta e papel... E o quinto se chamava Kasdeya. Este é quem mostrou aos filhos dos homens todos os ataques perversos de espíritos e demônios, e os ataques do embrião no útero, para que morra, e os ataques da alma, as mordidas da serpente, e os ataques que ocorrem pelo calor do meio-dia, o filho da serpente chamado Tabaet."

• O amargo e doce: A doçura do mal desvanece cedo, mas sua amargura permanece. Finge dar vida, mas a rouba, encantando os sentidos enquanto corrói o espírito.

• Escrita com tinta e papel: O mal se escreve como tinta escura *sobre um papel puro. No início, a mancha parece pequena, mas se estende, manchando o que antes era limpo. Não destrói o papel, mas cobre seu propósito, reescrevendo a verdade com mentiras. Somente a Palavra de Yahuah pode limpar a página e restaurar sua luz.*

• *Ataques perversos de demônios: Manifestações espirituais malignas que buscam oprimir, enganar e desviar o crente por meio do medo, tentações ou aflições da alma e do corpo.*

• *Ataques ao embrião (Aborto): Uma das corrupções mais escuras ensinadas pelos Vigilantes, onde a vida é destruída antes de nascer. Este ato reflete a rebelião contra o dom sagrado de Yahuah, apagando uma luz antes do tempo e convertendo o ventre, desenhado para a vida, em um lugar de morte.*

• *Ataques da alma: São agressões invisíveis que buscam quebrar a fé, a esperança e a identidade espiritual. Operam por meio da culpa, do temor e da confusão, tentando apagar a conexão do ser humano com Yahuah e semear vazio interior onde antes habitavam a paz e a verdade.*

Vale ressaltar: alguns ainda se perguntam qual é a origem da prática do aborto. Fica claro que se trata de um ensinamento nefelino usado para destruir a humanidade ou a criação de Yahuah. Se lermos bem, poderemos entender as táticas ou práticas do inimigo para tentar destruir o povo de Yahuah.

9.5 Resumo de práticas principais dos nefelinos

Temos uma lista das práticas principais dos nefelinos, as quais vocês podem revisar e estudar tanto quanto quiserem ou desejarem. No entanto, lembrem-se de que esta lista apenas apresenta o essencial; não mostra todas as variações dessas práticas ao longo dos anos e gerações, nem todos os diferentes nomes e ramificações que os nefelinos criaram na humanidade para continuar sua função de confundir.

Esta lista apresenta o primordial (não todas as variações históricas nem os distintos nomes que tomaram):

• Bruxaria/Feitiçaria/Magia (encantamentos, conjurações, invocações).

• Farmakía (poções, drogas, preparados ritualísticos).

• Astrologia/Omenologia (sol, lua, constelações, raios, nuvens).

• Metalurgia bélica (espadas, escudos, couraças) e vaidade (adornos, cosméticos).

• Consumo de sangue e corrupção de criaturas (hibridações).

Yôbêl (Jubileus) 12:16-20

"E na sexta semana, em seu quinto ano, Abraão sentou-se toda a noite no começo do sétimo mês para observar as estrelas desde a tarde até a manhã, a fim de ver como seria o caráter do ano com respeito às chuvas. Estava sozinho enquanto se sentava e observava. E uma palavra entrou em seu coração e disse: "Todos os sinais das estrelas, e os sinais da lua e do sol estão todos na mão de Yahuah. Por que os busco? Se ele quer, faz chover, manhã e tarde; e se ele deseja, não o faz, e todas as coisas estão em sua mão. E orou naquela noite e disse: "Meu Êlôhîym, Êlôhîym Elyôn Êl, só tu és meu Êlôhîym, e a ti e ao teu domínio escolhi. E tu criaste todas as coisas, e todas as coisas são obra de tuas mãos. Livra-me das mãos dos espíritos malignos que dominam os pensamentos dos corações humanos, e não permitas que eu me desvie de ti, meu Êlôhîym. E firma a mim e à minha descendência

para sempre, para que não nos extraviemos de agora em diante e para sempre."

Pareceria algo inocente o que Abraão estava fazendo, mas se é algo inocente e não é para o mal, nem faz dano segundo o pensamento da humanidade — especialmente observar as estrelas ou constelações para determinar as chuvas do ano — por que foi repreendido?

A prática de observar as estrelas e as constelações para predizer se haverá chuva, tormentas ou qualquer outra coisa não é agradável a Yahuah; é a prática dos nefelim.

E quando Abraão entende seu erro, ora e se arrepende, nos compartilha algo poderoso: "Livra-me das mãos dos espíritos malignos que dominam os pensamentos dos corações humanos."

A isto chamamos influências malignas que circulam no pensamento das pessoas, até mesmo dos filhos de Yahuah; isto é tudo o que os espíritos malignos ou demônios podem fazer. Então, nossa tarefa é rogar a Yahuah que nos livre dessas influências e pensamentos.

Chănôk (Enoque) 54:6 — "...para que Yahuah dos ruach se vingue deles por terem se convertido em súditos do adversário e desviar os que habitam sobre a terra."

Os ensinamentos de demônios ou nefelinos desviam e levam a humanidade à sua perdição, ainda que não aceitemos ou queiramos ver esse fato. Yahuah, no fim, se vingará de todos eles por terem servido como instrumentos do adversário e desviar os humanos. Essa é a verdade bíblica.

9.6 Os Nefelinos nas Escrituras

(Referências bíblicas diretas sobre sua existência).

Berēshīṯh (Gênesis) 6:4: "Havia Nephıyl na terra naqueles dias, e também depois que vieram os filhos de ĔLÔHÎYM às filhas dos homens, e lhes geraram filhos. Estes foram os valentes que desde a antiguidade foram homens de renome."

Esta é a primeira menção em Bereshith da existência dos Nefelim (ou Nephiyl), e como se pode ver, afirma claramente que se misturaram com mulheres e produziram homens poderosos; em outras palavras, exatamente o que temos dito desde o princípio: os gigantes, ou Nefelim.

9.7 Os Nefelinos na Terra Prometida

(Gigantes que habitaram em Canaã).

Môsheh envia a reconhecer a terra, e os exploradores chegam à terra de Chebrón (Hebrom), habitada por:

Bemīḏbar (Números) 13:22 — "E subiram pelo sul, e vieram até Chebrón; e ali estavam Ăchıyman, Shêshay e Talmay, filhos de Ânâq. Chebrón foi edificada sete anos antes de Tsôan, a de Mitsrayim."

Em Chebrón se encontravam Ăchıyman, Shêshay e Talmay

— nefelinos — filhos dos Ânâq (anjos vigilantes). Chebrón foi edificada sete anos antes que Tsôan, de Mitsrayim (Egito). Isto indica que Tsôan, no Egito, também é de origem nefelina.

Bemīḏbar (Números) 13:33 — "Também vimos ali Nephîyl, filhos de Ânâq, raça dos Nephîyl; e éramos nós, a nosso parecer, como gafanhotos; e assim éramos aos seus olhos."

Vemos que os gigantes ou Nephîyl (nefelinos) são então filhos dos Ânâq (anjos vigilantes).

9.8 Os Filhos de Ânâq

(Os descendentes diretos dos Vigilantes).

Debārīm (Deuteronômio) 9:2 — "Um povo grande e alto, filhos de Ânâĝıy, dos quais tens conhecimento, e tens ouvido dizer: 'Quem se susterá diante dos filhos de Ânâq?'"

Ânâĝıy é o gentílico dos Ânâq, descendentes dos anjos vigilantes, mais conhecidos no mundo como os Annunaqiy.

9.9 Kâlêb e os Filhos de Ânâq

(A expulsão dos gigantes pela fé do justo)

Yahusha (Josué) 15:13 — "Mas a Kâlêb, filho de Yephûnneh, deu parte entre os filhos de Yahûdâh, conforme o mandamento de YAHUAH a Yahusha: isto é, Arba, pai de Ânâq, que é Chebrôn."

Arba (Qiryath-Arba) é o pai dos Ânâq, que estavam em Chebrón;

portanto, Arba é descendente dos anjos vigilantes nefelinos. Dele procedem os Anaqiy ou Anaq, também conhecidos na história como os Annunaqiy.

Kâlêb expulsou os três filhos de Ânâq, isto é, os gigantes descendentes dos nefelinos que habitavam em Arba, a qual é Chebrón, nas regiões montanhosas de Yahudah.

As Escrituras dizem com clareza quem são os nefelinos e onde se situaram e quais cidades governavam, mas é óbvio que muitos se recusam a ver a verdade, porque isso significaria que estiveram em cegueira ou em erro, e ninguém quer reconhecer tal estado.

9.10 Os Râphâ, Zûzîym e Êymîym

(Os remanescentes híbridos entre as nações vizinhas).

Berēšhīṯh (Gênesis) 14:5 — "E no ano décimo quarto veio Kedorlâômer e os reis que estavam de sua parte, e derrotaram os Râphâ em Ashterôth Qarnayim, os Zûzıym em Hâm, e os Êymıym em Shâwêh Qiryâthayim."

Râphâ, Zûzıym e Êymıym são diferentes nomes dos remanescentes dos nefelinos ou gigantes.

Debārīm (Deuteronômio) 2:10–11 — "Os Êymıym (פּימיא) habitaram nela antes: povo grande, numeroso e alto como os Ânâqıy. Por Râphâ eram eles também contados, como os Ânâqıy; e os Môâbıy os chamavam Êymıym."

Debārīm (Deuteronômio) 2:20 — "Por terra de Râphâ foi também ela tida: habitaram nela Râphâ em outro tempo, aos quais os Ammônıy chamavam Zamzôm."

9.11 Ôg de Bâshân – Último Rei Gigante

(O último bastião dos nefelinos na Terra).

Debārīm (Deuteronômio) 3:10 — "Todas as cidades da planície, e todo Gilâd, e todo Bâshân até Salkâh e Edrêıy, cidades do reino de Ôg em Bâshân."

Ôg de Bâshân foi um dos últimos reis gigantes nefelinos.

Debārīm (Deuteronômio) 3:13 — "E o resto de Gilâd, e todo Bâshân, do reino de Ôg, o dei à meia tribo de Menashsheh; toda a terra de Argôb, todo Bâshân, que se chamava a terra dos Râphâ."

Bâshân é também conhecido como a terra dos gigantes nefelinos. Será que não conseguimos ver? Terra dos gigantes, ou seja, dos nefelinos.

Capítulo 10

Os Gigantes nos Tempos de Dâwid

(A guerra final entre os servos de Yahuah e os descendentes dos gigantes).

10.1 Golyath de Gath

1 Shemûêl (1 Samuel) 17:4 — "Então saiu do acampamento dos Pelishtiy um homem que se pôs entre os dois exércitos; chamava-se Golyath, de Gath, e tinha de altura seis côvados e um palmo."

O gigante Golyath era descendente dos nefelinos. Lembremos que os filisteus são nefelinos, por isso veremos que quase todos os gigantes vieram dos filisteus.

Berēshīṯh (Gênesis) 10:14 — "E a Pathrûsiy, e a Kaslûchiym 'Chasmoniyn', de onde saíram os Pelishtiy, e a Kaphtôriy."

E vemos que os pais dos filisteus são os "Hasmoneus ou Asmoneus". Portanto, esses pais são os progenitores dos nefelinos habitantes entre os filisteus.

10.2 Outros gigantes derrubados por Dâwid e seus servos

2 Shemûêl (2 Samuel) 21:16–17 — "E Yishbô Benôb, que era dos filhos de Râphâ, cujo peso de lança era de trezentos siclos de metal, e trazia cingida uma nova espada, tentou ferir Dâwid. Mas Ăḃiyshay, filho de Tserûyâh, socorreu-o e feriu o Pelishtiy, e o matou."

Yishbô Benôb, filho dos gigantes nefelinos, morreu pelas mãos de Abiyshay.

2 Shemûêl (2 Samuel) 21:18–22

"Houve depois uma segunda guerra em Gôb contra os Pelishîɩy; então Sibbekay o Chûshâtîɩy feriu a Saph, que era dos filhos de Râphâ. Houve ainda outra guerra em Gôb contra os Pelishîɩy, na qual Elchânân, filho de Yaărêy Ôreɡɪym, um Bêyth Hallachmîɩy, feriu a Golyath o Gitîɩy, cujo haste de lança era como uma viga de tecelão. Depois houve outra guerra em Gath, onde havia um homem de grande estatura, que tinha doze dedos nas mãos e doze nos pés, vinte e quatro ao todo; também era dos filhos de Râphâ. Este desafiou a Yâshârêl, e foi morto por Yahônâthân, filho de Shimâ, irmão de Dâwid. Estes quatro haviam nascido a Râphâ em Gath, os quais caíram pela mão de Dâwid e de seus servos."

O irmão de Dâwid também matou um dos gigantes nefelinos. Ao todo, quatro gigantes foram mortos por Dâwid e seus homens.

10.3 Presença nefelina ao longo das Escrituras

Como podemos ver, os nefelinos ou gigantes estão por todas as Escrituras; embora alguns neófitos queiram dizer que eram apenas humanos de grande estatura, as Escrituras são claras e dizem que eram gigantes; e, se lermos bem, veremos que são descendência direta dos nefelinos.

Entendo, porém, que muitos permanecem evasivos e de nenhuma forma querem aceitar essas verdades, porque isso significaria reconhecer que estavam em desconhecimento ou erro — e ninguém quer admitir que se enganou. Pior ainda, que isso desmascara o véu de mentira sob o qual nos mantiveram por tanto tempo para que não vejamos ao nosso redor nem reconheçamos os filhos das trevas ou dos demônios.

Podemos ver a presença nefelina ao longo de toda a história das Escrituras — desde Nôach, os patriarcas, os juízes, os reis e os profetas até chegar a nossos dias. Rastrear todas as ações dessa descendência maldita nas Escrituras levaria vários livros; vejamos apenas algumas menções.

10.4 Adoração a Baal

1. Gid'on (Gideão) — Ídolo: Baal, Asherah (Ba'al, 'Ašerah)

Escritura: Shophetim/Juízes 6:25–32

Resumo: Destruiu o altar de seu pai dedicado a Baal e cortou o poste de Asherah, restaurando a adoração a Yahuah.

2. Achâb (Acabe) e Îyzebel (Jezabel) — Ídolo: Baal, Asherah

Escritura: 1 Melakim / Reis 16:31–33

Resumo: Introduziram a adoração fenícia de Baal em Yâshârêl; construíram um templo para Baal em Shomrón (Samaria).

3. Êlîyâhû (Elias) — Ídolo: Baal

Escritura: 1 Melakim / Reis 18:17–40

Resumo: Desafiou 450 profetas de Baal no Monte Karmel; Yahuah respondeu com fogo, demonstrando Sua supremacia.

4. Ělîyshâ / Yêhû (Eliseu / Jeú) — Ídolo: Baal

Escritura: 2 Melakim / Reis 10:18–28

Resumo: Yehu destruiu o templo e os sacerdotes de Baal, cumprindo o juízo de Yahuah declarado por Eliyahu.

5. Hoshea (Oseias) — Ídolo: Baal, Ashtarot

Escritura: Hoshea 2:8–13; 13:1–2

Resumo: Condenou Yâshârêl por adultério espiritual, pois se afastou de Yahuah para seguir os Baalim (baal).

6. YirmeYahu (Jeremias) — Ídolo: Baal

Escritura: YirmeYahu 2:8; 19:5; 32:35

Resumo: Denunciou Yahudah (Judá) por oferecer incenso a Baal e sacrificar crianças a Molek.

7. TsefanYahu (Sofonias) — Ídolo: Baal

Escritura: TsefanYahu 1:4–6

Resumo: Profetizou que Yahuah eliminaria o nome de Baal de Yahudah.

10.5 Asherah / Rainha do Céu

1. Shelomoh (Salomão) — Ídolo: Ashtoreth (ʿAštōret)

Escritura: 1 Melakim / Reis 11:4–8

Resumo: Edificou lugares altos para Ashtoreth e Kemosh sob a influência de suas esposas estrangeiras.

2. YirmeYahu (Jeremias) — Ídolo: Rainha do Céu (Ishtar/Astarte)

Escritura: YirmeYahu 7:18; 44:17–19

Resumo: Condenou o povo por assar bolos e queimar incenso à Rainha do Céu (uma deusa da fertilidade e do céu).

3. Mikhah (Miqueias) — Ídolo: Asherah e imagens entalhadas

Escritura: Mikhah 1:6–7; 5:13

Resumo: Profetizou que Yahuah destruiria todos os ídolos e postes sagrados da terra.

10.6 Molek / Sacrifício de crianças (Tophet no Vale de Hinnom)

1. Achâb — Ídolo: Molek (Mōlek)

Escritura: 2 Melakim / Reis 16:3–4

Resumo: Fez seu filho passar pelo fogo, imitando as práticas abomináveis dos ena'anim (cananeus).

2. Menashsheh (Manassés) — Ídolo: Molek, Baal

Escritura: 2 Melakim / Reis 21:3–7

Resumo: Reconstruiu altares a Baal, ergueu um poste de Asherah e ofereceu seus filhos ao fogo.

3. YirmeYahu (Jeremias) — Ídolo: Molek

Escritura: YirmeYahu 7:31; 19:5; 32:35

Resumo: Condenou o sacrifício de filhos e filhas no Vale de Hinnom (Topheth).

10.7 Bezerros de ouro e centros de culto falsos

1. Aharon / Yâshârêl — Ídolo: Bezerro de Ouro

Escritura: Shemoth / Êxodo 32:1–35

Resumo: Yâshârêl adorou um bezerro de ouro no monte Sinai, chamando-o de seu deus; a ira de Yahuah se acendeu contra eles.

2. Yerovʿam (Jeroboão) — Ídolo: Bezerros de Ouro

Escritura: 1 Melakim / Reis 12:28–33

Resumo: Estabeleceu bezerros em Beit-El e Dan para evitar que o povo fosse a Yerushalayim, dizendo: "Estes são os teus deuses, ó Yâshârêl!"

3. Chizqiyahu (Ezequias) — Ídolo: Nehushtan (serpente de bronze)

Escritura: 2 Melakim / Reis 18:4

Resumo: Destruiu a serpente de bronze quando o povo começou a queimar-lhe incenso.

10.8 Adoração ao Sol, às Estrelas e ao Exército do Céu (Host dos Shamayim)

1. Menashsheh (Manassés) — Ídolo: Exército do Céu

Escritura: 2 Melakim / Reis 21:3–5

Resumo: Construiu altares aos corpos celestes dentro do Templo de Yahuah e adorou o exército dos shamayim (céus).

2. Yechezqê'l (Ezequiel) — Visão 1 — Ídolo: Ídolo do Ciúme

Escritura: Yechezqê'l 8:5–6

Resumo: Uma imagem provocadora perto do portão norte que causava ciúmes em Yahuah.

3. Yechezqê'l (Ezequiel) — Visão 2 — Ídolo: Imagens e criaturas entalhadas

Escritura: Yechezqê'l 8:10–12

Resumo: Setenta anciãos oferecendo incenso diante de gravuras de abominações nas paredes do Templo.

4. Yechezqê'l (Ezequiel) — Visão 3 (Explícita) — Ídolo: Mulheres chorando por Tammûz (Tammūz)

Escritura: Yechezqê'l 8:14

Resumo: Mulheres sentadas à porta do norte da casa de Yahuah chorando por Tammûz.

5. Yechezqê'l (Ezequiel) — Visão 4 — Ídolo: Adoração ao sol

Escritura: Yechezqê'l 8:16–18

Resumo: Vinte e cinco homens adorando o sol voltados para o oriente dentro do átrio interior do Templo.

6. Amos — Ídolo: Sikkuth, Kiyun

Escritura: Amos 5:25–27

Resumo: Condenou Yâshârêl por carregar imagens de divindades astrais junto com a adoração de Yahuah.

10.9 Ídolos Babilônicos (Bel, Nebo, Dragão)

1. YashaYahu (Isaías) — Ídolo: Bel, Nebo

Escritura: YashaYahu 46:1–2

Resumo: Zombou dos deuses babilônicos que precisam ser carregados pelos homens e não podem salvar a si mesmos.

2. Dânîyêl — Ídolo: Bel, Dragão

Escritura: Bel e o Dragão 1:1–28

Resumo: Demonstrou que Bel (baal) era uma fraude e destruiu o ídolo dragão, mostrando que os ídolos não têm poder algum.

10.10 Meditação final

Mediteimos nesta curta lista e veremos como os nefelinos sempre estiveram presentes, servindo de tropeço e infiltrando-se nas coisas de Yahuah.

A noção que nos venderam — de que os nefelinos e seus descendentes são coisas do passado — foi muito bem estruturada, de modo que nós mesmos acreditamos assim. Mas a realidade é mais impactante, ou mesmo aterradora, do que parece.

Os nefelinos e seus descendentes estão no meio de nós, muito mais perto do que pensamos — e, ao final destes escritos, veremos com clareza... ou ficaremos totalmente cegos.

Capítulo 11
Remanescente dos Nefelinos nos Tempos do Novo Testamento

(A infiltração da linhagem maldita na era apostólica).

11.1 Os rastros visíveis dos nefelinos nas Escrituras

Estes são os rastros mais visíveis encontrados nas Escrituras sobre os gigantes nefelinos ou o remanescente dos nefelinos. No entanto, devemos considerar outros fatores para entender melhor a magnitude dessa raça maldita.

Fatores ocultos que ampliam a compreensão da raça maldita

Vamos analisar um versículo em específico para iniciar desmentindo as falsas narrativas sobre a raça ou os descendentes dos nefelinos. Estamos certos de que Babel é o berço dos nefelinos, e que eles foram dispersos por todas as nações, tribos, povos e línguas. Mas vamos iniciar com algo antigo e incomum para esta jornada.

O enigma de Gênesis 10:14

> *Gênesis 10:14 — "e os Patrosoniim, e os Chasmoniim (de onde surgiram os Phylistiim) e os Gaphthoriim." (Tradução Brenton's Septuagint).*

> *Berēshīṯh (Gênesis) 10:14 — "E a Pathrûsîy, e a Kaslûcĥıym e a Chasmoniym, de onde saíram os Pelishĥıy, e a Kaphtôr̂ıy."*

Os descendentes de Châm (Cam) e a mistura com o sangue nefelino

Todos estes vêm da descendência de Châm (Cam), estabelecida

na região de Canaã, os quais são os que se misturaram com o sangue nefelino, criando essa geração que temos hoje em dia.

A diferença textual na Septuaginta

Como podem ver, na versão Septuaginta existe uma diferença no texto: eles têm "Chasmoniin". Agora, há 4 grupos apresentados em Berēšhīthh: "Pathrûsîy, e Kaslûchîym, de onde saíram os Pelishtîy (filisteus), e Kaphtôrîy (gath)".

Se estudarem cuidadosamente a divisão da terra nos tempos de Nôach, perceberão que cada um desses grupos é descendente ou povos habitados por nefelinos, incluindo os filisteus e gath ou kapthroriy (gath), de onde saem todos os gigantes.

"Chasmoniin": a pista oculta e o nome apagado dos filisteus

No entanto, a Septuaginta nos dá uma pista a mais — "Chasmoniin" — que são os conhecidos como "Asmoneus", que são os mesmos que os filisteus, apenas com nome diferente. O nome "Asmoneus" foi ocultado durante séculos por muitas razões; porém, para trazer esse nome à luz, então criaram em falsidade o livro dos Macabeus, no período entre Malaquias e Mateus (Novo Testamento).

Resumo revelatório inicial

Resumindo e reforçando para começar com clareza: Babel, berço dos nefelinos espalhados por toda parte; Kasluchiyn, grupo de nefelinos, de onde vêm os Pelishtiy (filisteus), os quais carregam o mesmo nome oculto de "Hasmoneus ou Asmoneus". Isto nos leva a entender um demônio nefelino de que nos fala o livro de Tobit. Este nefelino é expulso e, então, se abriga ou vai até o Egito, onde faz sua nova morada.

Asmodeu: o demônio nefelino revelado

Asmodeu (hebraico: יְאַדְמְשׁאַ, 'Ašməddāy, grego antigo: Ἀσμοδαῖος, Asmodaios) também chamado Asmodeus, Asmodaios, Asmodai, Hasmoday, Chashmodai, Azmonden ou Sidonay, é um dos príncipes dos demônios na demonologia das religiões abraâmicas. Asmodeu ou Chasmodai vem de aēšma-daēva ou ashem – hashem, hashema, que é o mesmo que Chasmoniyn ou Asmoneus.

11.2 Os deuses das nações e a conexão nefelina

Melākīm (2 Reis) 17:29–31 — "Mas cada nação fez seus deuses, e os colocou nos templos dos lugares altos que os Shômerônîy haviam feito; cada nação em sua cidade onde habitava. Os de Bâbel fizeram a Sûkkôth Benôth, e os de Kûth fizeram a Nêrgal, e os de Chămâth fizeram a Ăshîymâ. Os Awwiym fizeram a Nibchaz e a Tartâq, e os Sepharwîy queimavam seus filhos ao fogo a Adrammelek e a Ânammelek, deuses de Sepharwayim."

Ashima/Aeshema/Asmodeu: o deus dos samaritanos

Este é o deus dos samaritanos — "ashima, aeshema, asmodeus" — que é o mesmo pai dos filisteus asmoneus ou chasmoniym. Você sabia que os samaritanos são os habitantes de Cainan, assim se chamou sua terra — e você sabe o que é, na realidade, Cainan? Cainan ou Canaã, a descendência do pai do ocultismo chamado "Qeynan", o mesmo que encontrou os ensinamentos ocultos dos nefelinos, os copiou, aprendeu e propagou.

Os Asmoneus: usurpadores do templo e herdeiros da linhagem caída

Por volta de 120 a.C., ocorreu a revolta ou revolução dos Chamonean ou Asmoneus, que usurparam o templo, substituíram o sumo sacerdote e ficaram então como os supostos representantes do templo naquele tempo. Permaneceram em poder total, e esses são os mesmos que continuam a liderança nos tempos de Constantino e são os mesmos líderes do Império Romano que temos hoje em dia.

Isso nos leva a perguntar por que os termos fariseu, saduceu ou essenos não se encontram no Antigo Testamento, mas apenas aparecem no Novo Testamento. Esses grupos fascistas, todos pertencentes ao mesmo movimento ou descendência nefelina, haviam tomado controle total do templo e de tudo o que dizia respeito ao religioso.

O Sacerdote Malvado e a profanação do dia da expiação

"Além disso, o vinho é traiçoeiro; o homem arrogante se ensoberbece. Mas nosso comentarista lê bôn ('riqueza') em lugar de hayyayin ('o vinho') e explica que a passagem se refere ao Sacerdote Malvado, cujo coração se exaltou ao chegar ao poder, de modo que abandonou a Deus e agiu traiçoeiramente com as ordenanças por causa da riqueza (1Q pág. Hab. viii 10 s.).

"O Sacerdote Malvado perseguiu o Mestre da Justiça para devorá-lo em sua ardente fúria, a ponto de ser descoberto," F.F. Bruce, 'O Rolo de Habacuque do Mar Morto', Anuário da Sociedade Oriental da Universidade de Leeds I (1958/59): 5–24.

E, por ocasião do sagrado tempo de descanso, o dia da expiação, irrompeu entre eles para devorá-los e fazê-los tropeçar no dia de jejum, seu sabbath de descanso.

O reinado e governo religioso dos Asmoneus, progenitores dos filisteus, ocultados ancestralmente para que não saibamos que seus descendentes nefelinos são os fariseus, saduceus e essênios no tempo de Yahusha Ha Mashiyach."

11.3 Yahusha e o confronto com a descendência nefelina

(A linhagem da rebelião diante do Filho do Homem.)

Este é o contexto que Yahusha Ha Mashiyach encontra ao vir por seu povo, e Yahusha é completamente claro e lhe diz quem eles são e qual é sua descendência: ele diz que são "Filhos de demônios" — ou será que você não entende os termos usados por Yahusha? Acaso lhe é mais claro o termo "filhos de seu pai, o diabo", ou prefere o termo "filhos dos nefelinos"? Você pode escolher o que lhe parecer melhor: são todos a mesma coisa, e estes são os grupos na época de Yahusha — e este é o contexto em que iniciamos no Novo Testamento.

Esclarecendo: fariseus, saduceus, essênios são todos servos e filhos dos Chasmoniim, que são os pais dos filisteus, que por sua vez são a descendência nefelina. Nefelinos, ismaelitas, edomitas, asmoneus (chasmoneus), fariseus, essênios, saduceus, Constantino (Império Romano) — todos servos e seguindo a linha de seu progenitor Babel ou nefelinos.

11.4 Yôchânân the Baptistis (João o Batista) — denúncia aos nefelinos

(Os fariseus, os saduceus e a geração de Echidna).

Mattithyâhû (Mateus) 3:7 — "E, vendo ele muitos dos Pârâsh e dos Tsâdôq que vinham ao seu batismo, dizia-lhes: Geração de Echidna, quem vos ensinou a fugir da ira vindoura?"

Nas traduções tradicionais das Escrituras vocês encontrarão como "geração de víboras", mas o termo em grego é ἔχιδνα "echidna". Basta buscarem no Google o que é "echidna" em grego e automaticamente entenderão o que Yôchânân está dizendo: "Na mitologia grega, Equidna (em grego antigo, Ἔχιδνα — Ejidna: 'víbora'; em latim, Echidna) era uma monstruosa ninfa que pertencia à estirpe das Fórcides, ou monstros serpentinos femininos."

Para os que, popularmente, ainda não entendem: Yôchânân sabe quem eles são, a quem servem e qual é sua genealogia ou descendência. Echidna é um demônio feminino, que foi traduzido em latim como "víbora" para ocultar o verdadeiro significado. E, se Yôchânân lhes está dizendo que são geração de "echidna = demônios", que parte não entendemos?

E a quem ele está chamando assim? "Pârâsh e Tsâdôq", entenda-se, fariseus e saduceus, que são os líderes após a usurpação do templo. Mas talvez ainda não esteja claro, porque alguém poderia dizer: "isso não foi dito por Yahusha", certo?

11.5 Yahusha Ha Mashiyach enfrenta os nefelinos

Mattithyâhû (Mateus) 12:34 — "Geração de Echidna, como podeis falar coisas boas, sendo maus? Porque a boca fala do que está cheio o coração."

Mattithyâhû (Mateus) 23:33 — "Serpentes, geração de Echidna! Como escapareis da condenação do Geenna?"

Quem está falando nesses versículos e a quem se dirige? Bem, basta lermos o contexto e veremos que é o próprio Yahusha quem chama fariseus e saduceus de geração de echidna, geração de demônios e, para esclarecer, é o mesmo que geração de nefelinos.

O trabalho ou papel dessa geração de demônios tem sido, desde o princípio, opor-se a tudo o que tem a ver com Yahuah, perseguir e matar os seguidores e profetas de Yahuah. E o que, exatamente, fazem com Yahusha? Essa geração de echidna busca matá-lo e tenta matá-lo várias vezes, mas a sua hora ainda não havia chegado.

Na multidão de todas as pregações e ensinos de Yahusha, sempre havia dois grupos principais. O primeiro grupo: pessoas que genuinamente queriam ouvir Yahusha e conhecer Yahuah. O segundo grupo: os que se opunham a tudo o que Yahusha dizia — os líderes religiosos que haviam usurpado o templo, mudando o sumo sacerdote e instituindo sua própria religião, que não era a de Yahuah, mas a de seus ancestrais ou progenitores: os nefelinos.

Preste muita atenção ao que Yahusha fala, pois sempre que fala, primeiro se dirige ao povo necessitado de sua palavra e depois aos filhos ou descendentes de demônios, echidna, nefelinos — qualquer dos termos que vocês compreendam melhor.

Mattithyâhû (Mateus) 16:4 — "A geração má e adúltera pede um sinal; mas sinal nenhum lhe será dado, senão o sinal de Yônâh o profeta. E, deixando-os, partiu."

Yôchânân (João) 8:44 — "Vós sois do vosso pai, o Diábolos, e quereis satisfazer os desejos de vosso pai. Ele foi homicida desde o princípio e não permaneceu na verdade, porque não há verdade nele. Quando ele profere mentira, fala do que lhe é próprio; porque é mentiroso e pai da mentira."

Compartilho apenas alguns versículos, porque toda a Escritura está cheia desses grupos, que sempre refutam, negando e tentando desmentir a verdade de Yahusha com a mentira de seu pai. E, se Yahusha os chama de "filhos do diabo", ou seja, filhos de demônio, então, se o pai é o diabo, o que seriam eles?

11.6 Maśṭêmâh no Novo Testamento

Na tentação de Yahusha — em que o adversário vem e o tenta com as Escrituras — o tentador não era um demônio, não era um nefelino; esse tentador é o mesmo anjo que vimos no Antigo Testamento, provando os seguidores de Yahuah.

Em alguns lugares, vocês o verão como satanás, mas lembrem-se de que a palavra não é um gentílico nem nome próprio; essa palavra significa adversário, inimigo, opositor. Por isso vocês veem que Yahusha fala com esse anjo e, sem proferir uma única palavra de maldição, simplesmente lhe responde com a verdade da Palavra.

Mattithyâhû (Mateus) 4:3 — "E, chegando-se a ele o tentador, disse: Se és Filho de Êlôhîym, diz que estas pedras se transformem em pão."

Mattithyâhû (Mateus) 4:11 — "Então o Diábolos o deixou; e eis que os anjos chegaram e o serviam."

Διάβολος "diabolos": Um caluniador (compare-se [H7854]): — falso acusador, diabo, caluniador. Esta é a palavra em grego para entender quando Yahusha repreende o diabo, e ele vai embora. Em outras palavras, repreende o caluniador, tentador, acusador ou diabo.

Essa palavra, porém, vem do hebraico H7854, que é śâṭân: um oponente, adversário, resistir. Que é o mesmo personagem que mencionamos no Antigo Testamento por seu nome próprio "Maśṭêmâh" — o mesmo que pede permissão para peneirar ou tentar Pedro. O seu trabalho se estende por toda a Escritura e continuará até o fim dos tempos.

Capítulo 12
Demônios (nefelinos) no Novo Testamento

(Evidências da linhagem caída operando sob o disfarce de possessões e enfermidades)

12.1. Demônios ou Espíritos Nomeados

• Legião

Referências: Markos (Marcos) 5:1–20; Lukas (Lucas) 8:26–39; Mattithyahu (Mateus) 8:28–34

Descrição: Multidão de demônios que possuíam um homem entre os gadarenos. Identificam-se dizendo: "Legião, porque somos muitos." Suplicaram a Yahusha para não serem enviados para fora da região e entraram no rebanho de porcos.

• Beelzebul (Beelzebub)

Referências: Mattithyahu 12:24; Markos 3:22; Lukas 11:15

Descrição: Chamado de "príncipe dos demônios". Os parash (fariseus) acusaram Yahusha de expulsar demônios por meio de Beelzebul. Relacionado a Baal-Zebub, o deus filisteu de Eqrón (2 Reis 1:2).

• Satanás/adversário/o Diabo (Mastemah)

Referências: Mattithyahu 4:1–11; Lukas 4:1–13; Yôchânân (João) 8:44; Apokálypsis (Apocalipse) 12:9

Descrição: O adversário e acusador, tentador e príncipe dos anjos caídos. Tenta Yahusha e se opõe à verdade do Reino.

12.1.2. Tipos de Espíritos Malignos

• Espíritos Imundos

Referências: Markos 1:23–27; Lukas 4:33–36

Descrição: Termo geral para demônios que possuem ou atormentam pessoas. Yahusha os expulsa com autoridade.

• Espírito Surdo e Mudo

Referências: Markos 9:17–29

Descrição: Causa mutismo, surdez e convulsões. Yahusha o repreende e ordena: "Espírito surdo e mudo, sai dele."

• Espírito de Enfermidade

Referências: Lukas 13:11–13

Descrição: Uma mulher encurvada por dezoito anos foi libertada de um espírito de enfermidade por Yahusha.

• Espírito de Adivinhação (Python — pitón)

Referências: Prásso (Atos) 16:16–18

Descrição: Uma serva possuída por um espírito de adivinhação que gerava ganhos a seus senhores. Shaul (Paulo) o expulsou em o Nome de Yahusha Ha Mashiyach.

• Espírito de Erro/Antimashiyah

Referências: 1 Yôchânân (João) 4:1–6

Descrição: Espírito que nega que Yahusha é o Mashiyach e promove falsos ensinamentos.

• Espírito de Temor

Referências: 2 Timotheos 1:7

Descrição: Influência demoníaca que causa medo e covardia; contraposto ao ruach de poder, amor e domínio próprio.

• Espírito de Engano e Fornicação

Referências: Efésios (Efésios) 2:2; 1 Timotheos 4:1–2; Apokálypsis (Apocalipse) 18:2

Descrição: O espírito que opera nos filhos da desobediência, levando à idolatria, imoralidade e corrupção espiritual.

12.1.3. Espíritos Coletivos ou Simbólicos

• Sete Espíritos Mais Malignos

Referências: Mattithyahu 12:43–45; Lukas 11:24–26

Descrição: Quando um espírito imundo sai de uma pessoa, mas não encontra descanso, retorna com outros sete piores, simbolizando a recaída em maior maldade.

• Apollyon/Abaddon

Referências: Apokálypsis (Apocalipse) 9:11

Descrição: O "Destruidor" que lidera os demônios do abismo; rei sobre os gafanhotos infernais.

12.1.4. Resumo Geral (tabela mantida como lista)

• Nome do Espírito/Demônio: Legião

Natureza ou Função: Multidão de demônios em um só homem

Referências: Markos 5:9

• Nome do Espírito/Demônio: Beelzebul

Natureza ou Função: Príncipe dos demônios

Referências: Mattithyahu 12:24

- **Nome do Espírito/Demônio: Satan/Diabo**

Natureza ou Função: Adversário, tentador e acusador

Referências: Mattithyahu 4:1–11

- **Nome do Espírito/Demônio: Espíritos Imundos**

Natureza ou Função: Entidades demoníacas em geral

Referências: Markos 1:23–27

- **Nome do Espírito/Demônio: Espírito Surdo e Mudo**

Natureza ou Função: Causa mutismo e surdez

Referências: Markos 9:17–29

- **Nome do Espírito/Demônio: Espírito de Enfermidade**

Natureza ou Função: Causa deformidades físicas

Referências: Lukas 13:11–13

- **Nome do Espírito/Demônio: Espírito de Adivinhação**

Natureza ou Função: Engano e adivinhação

Referências: Prásso 16:16–18

- **Nome do Espírito/Demônio: Espírito de Erro/ Antimasiyah**

Natureza ou Função: Doutrinas falsas

Referências: 1 Yôchânân 4:1–6

• Nome do Espírito/Demônio: Espírito de Temor

Natureza ou Função: Medo e ansiedade

Referências: 2 Timotheos 1:7

• Nome do Espírito/Demônio: Sete Piores Espíritos

Natureza ou Função: Recaída em maior maldade

Referências: Mattithyahu 12:43–45

• Nome do Espírito/Demônio: Apollyon/Abaddon

Natureza ou Função: Destruidor do abismo

Referências: Apokálypsis 9:11

12.2. Ídolos e divindades pagãs no Novo Testamento

(A herança pagã que se infiltrou na Nova Aliança.)

12.2.1. Divindades Pagãs Nomeadas

• Artemisa (Diana)

Referências: Prásso (Atos) 19:23–41

Descrição: Deusa ou demônio nefelino adorado em Éfeso, proclamado pela multidão: "Grande é Artemisa dos efésios". O ensino de Shaul (Paulo) contra os ídolos provocou grande alvoroço entre os ourives que faziam templos dela. O templo de Artemisa era uma das Sete Maravilhas (demônios) do Mundo Antigo.

• Zeus (Júpiter)

Referências: Prásso (Atos) 14:11–13

Descrição: Depois que Shaul (Paulo) curou um homem coxo em

Listra, o povo pensou que Bar-Nabah (Barnabé) era Zeus e Shaul era Hermes. O sacerdote de Zeus trouxe touros e guirlandas para oferecer-lhes sacrifícios.

• Hermes (Mercúrio)

Referências: Prásso (Atos) 14:11–13

Descrição: Deus (demônio nefelino) mensageiro grego. Os de Listra creram que Shaul era Hermes porque era ele quem falava. Ambos os apóstolos rasgaram suas vestes e exortaram o povo a voltarem-se ao Êlôhîym vivo.

• Cástor e Pólux (Os Dióscuros) — demônios nefelinos de Roma

Referências: Prásso (Atos) 28:11

Descrição: Gêmeos filhos de Zeus e protetores dos marinheiros (demônios nefelinos de Roma). O navio alexandrino que levava Shaul tinha sua imagem como figura de proa ("os Gêmeos").

12.2.2. Deuses Falsos e Ídolos Mencionados Indiretamente

• "Deus Desconhecido"

Referências: Prásso (Atos) 17:22–23

Descrição: Shaul encontrou um altar em Atenas com a inscrição: "Ao Deus Desconhecido". Usou-o para anunciar Yahuah, o verdadeiro Criador dos céus e da terra.

• Baal e Astoret (Mencionados)

Referências: Rómẽos (Romanos) 11:4

Descrição: Shaul cita 1 Melakim (1 Reis) 19:18, referindo-se aos 7.000 que não dobraram o joelho diante de Baal. Esses antigos ídolos são lembrados como símbolos de apostasia e rebelião contra Yahuah.

• Mamom (mammōnas)

Referências: Mattithyahu (Mateus) 6:24; Lukas (Lucas) 16:13

Descrição: Personificado como um falso senhor ou divindade das riquezas. Yahusha ensinou: "Não podeis servir a Yahuah e a Mamom (mammōnas)."

• Beelzebul (Beelzebub)

Referências: Mattithyahu (Mateus) 12:24; Markos (Marcos) 3:22; Lukas (Lucas) 11:15

Descrição: Derivado de Baal-Zebub ("senhor das moscas"), o deus filisteu de Eqrón. No Novo Testamento é chamado de príncipe dos demônios.

12.2.3. Idolatria e Cultos Pagãos Condenados

• Ídolos Feitos por Mãos Humanas

Referências: Prásso (Atos) 17:29; Rómĕos (Romanos) 1:23; Apokálypsis (Apocalipse) 9:20

Descrição: Condenados como obras sem vida feitas por mãos humanas, de ouro, prata, pedra ou madeira. O livro de Apokálypsis (Apocalipse) adverte que os homens "não se arrependeram de adorar os demônios e os ídolos de ouro e de prata".

•   Imagens de Homens, Aves e Feras

Referências: Rómĕos (Romanos) 1:23

Descrição: A humanidade trocou a estima de Yahuah por imagens da criação. Shaul condena essa corrupção do culto divino.

• A Besta e Sua Imagem

Referências: Apokálypsis (Apocalipse) 13:14–15; 14:9–11; 19:20

Descrição: Símbolo da idolatria dos últimos tempos e da adoração ao poder mundano sob influência satânica. Aqueles que adoram a imagem da Besta são condenados.

• Babilônia, a Grande (suposta rainha do Céu) — demônio nefelino

Referências: Apokálypsis (Apocalipse) 17–18

Descrição: A mulher prostituta simboliza o grande sistema de fornicação espiritual e idolatria. Representa o ressurgimento do antigo culto das deusas — Ishtar, Astarte e outros semelhantes — em rebelião contra Yahuah.

12.2.4. Tabela Resumo (tabela mantida como lista)

• Nome/Ídolo: Artemisa (Diana)

Origem: Grego

Descrição: Deusa (demônio nefelino) da fertilidade e da lua, adorada em Éfeso

Referências-Chave: Prásso 19:23–41

• Nome/Ídolo: Zeus (Júpiter)

Origem: Grego

Descrição: Deus (demônio nefelino) principal do Olimpo

Referências-Chave: Prásso 14:11–13

- **Nome/Ídolo: Hermes (Mercúrio)**

Origem: Grego

Descrição: Mensageiro dos deuses (nefelino)

Referências-Chave: Prásso 14:11–13

- **Nome/Ídolo: Cástor e Pólux**

Origem: Grego

Descrição: Gêmeos filhos de Zeus, protetores de marinheiros (Roma)

Referências-Chave: Prásso 28:11

- **Nome/Ídolo: Deus Desconhecido**

Origem: Grego

Descrição: Altar ateniense a uma divindade sem nome

Referências-Chave: Prásso 17:22–23

- **Nome/Ídolo: Baal/Astoret**

Origem: Cananeu

Descrição: Falsos deuses da apostasia de Yâshârêl

Referências-Chave: Rómēos 11:4

- **Nome/Ídolo: Mamom**

Origem: Aramaico

Descrição: Divindade personificada da riqueza

Referências-Chave: Mattithyahu 6:24; Lukas 16:13

- **Nome/Ídolo: Beelzebul**

Origem: Filisteu

Descrição: Senhor (demônio nefelino) dos demônios/falso deus

Referências-Chave: Mattithyahu 12:24

- **Nome/Ídolo: Ídolos de Ouro e Prata**

Origem: Nações Pagãs

Descrição: Objetos de adoração falsa

Referências-Chave: Prásso 17:29; Apokálypsis 9:20

- **Nome/Ídolo: Imagem da Besta**

Origem: Simbólico/Profético

Descrição: Idolatria do poder mundano

Referências-Chave: Apokálypsis 13:14–15

- **Nome/Ídolo: Babilônia, a Grande**

Origem: Simbólico

Descrição: Sistema idolátrico mundial/religião falsa

Referências-Chave: Apokálypsis 17–18

Capítulo 13
O Legado de Constantino

(A herança babilônica do Império Romano).

Nos tempos do imperador Constantino, observamos claramente o remanescente e sua influência, pois ele herdou todos os ensinamentos e crenças de Babel.

Podemos ver a manifestação desse remanescente também no Novo Testamento, de forma implícita, por meio das ações dos fariseus, quando Yahusha mesmo os chama diretamente filhos de demônios (nefelinos), ao dizer-lhes: "Filhos de Echidna". Tanto, que Yahusha lhes declara quem é seu pai — e não é Yahuah —, embora muitos não consigam entendê-lo.

O mundo moderno, desde os tempos de Yahusha até hoje, tem estado cheio do remanescente dos nefelinos, infiltrados em todo lugar, grupo e família.

Sua atividade favorita ao longo da história tem sido assassinar os que anunciam as palavras de Yahuah, incluindo o próprio Yahusha e, posteriormente, os discípulos e apóstolos.

13.2 A Criação do Deus do Império Romano

(A falsificação dos nomes divinos e a manipulação das Escrituras)

Para consolidar seu engano, o remanescente nefelino em Roma levou a cabo um plano sistemático:

1. Inseriram duas letras no alfabeto (J e V) para justificar os nomes pagãos de: Jehovah, jesus.

2. Apagaram todos os nomes de Yahuah/Yahusha das Escrituras em todas as tradições; no original hebraico não é nem nunca será possível alterá-las.

3. Levedaram as Escrituras com seus ensinamentos pagãos (cruz, cristão, cristo, aniversário).

4. Acrescentaram seções falsas para justificar as doutrinas dos nefelinos (trindade).

5. Conquistaram nações para formá-las do zero sob sua nova religião e seu novo deus.

6. Criaram o suposto kanon (conjunto de livros que eles decidiram que a humanidade poderia ler, deixando e ocultando a lista do cânon original dos sacerdotes descendentes de Aharon e guardiões do verdadeiro cânon em Qumram) como regra do que se podia ou não ler.

7.Ocultaram os escritos inspirados e manipularam o termo "apócrifo" para fazê-lo soar maligno ou proibido, quando, na verdade, foram livros ocultados por eles.

8.Inventaram termos e inseriram palavras estranhas nas Escrituras, tais como:

• cruz (símbolo do demônio Tammuz), trindade, cristo, cristão, deus, senhor, Jesus, Jeová, entre outros.

9. Saturnalia – Natal: As saturnais se celebravam por dois motivos:

• Em honra a Saturno, deus da agricultura.

• Como homenagem ao triunfo de um general vitorioso (festa do triunfo).

13.3 Saturnalia e o "Natal"

(Do sacrifício a Saturno à árvore decorada: a transformação pagã que sobreviveu ao tempo)

Saturnalia, em honra de Saturno, foi introduzida por volta de 217 a.C. para elevar a moral dos cidadãos depois de uma derrota militar sofrida diante dos cartagineses no lago

Trasimeno. Oficialmente celebrava-se no dia da consagração do templo de Saturno no Fórum romano, em 17 de dezembro, com sacrifícios e banquete público festivo (lectisternium) e ao grito multitudinário de "Io, Saturnalia". Mas essa festa era tão apreciada pelo povo que, de forma não oficial, festejava-se ao longo de sete dias, de 17 a 23 de dezembro.

Eram sete dias de buliciosas diversões, orgias, banquetes e troca de presentes. As festas começavam com um sacrifício no templo de Saturno (a princípio o deus mais importante para os romanos até Júpiter), ao pé da colina do Capitólio, a zona mais sagrada de Roma, seguido de um banquete público ao qual todos eram convidados. Os romanos associavam Saturno, deus agrícola protetor de semeados e garantidor de colheitas, ao deus pré-helenístico Crono, que esteve em atividade durante a mítica idade de ouro da terra, quando os homens viviam felizes, sem separações sociais.

Durante as Saturnais, os escravos eram frequentemente liberados de suas obrigações e seus papéis, em alguns casos, trocados com os de seus donos. Desse modo, diz-se que o Natal surgiu para substituir a celebração de Saturno, rei do Sol, que em inglês é "sun", pelo que se tomou como o nascimento do Filho de Deus, que em inglês é "son".

13.4 24 de dezembro — véspera do sol invictus (Natal)

(A celebração pagã que marcou o nascimento do engano religioso.)

Na véspera de 25 de dezembro na antiga Roma celebravam-se reuniões familiares e visitas sociais em preparação para a festa do dia seguinte, o solstício de inverno, que marcava o renascimento do sol. Embora as Saturnais, em honra de Saturno, se celebrassem principalmente entre 17 e 23 de dezembro, a véspera da festa do Sol Invicto em 24 de dezembro também era uma data de celebração social e familiar.

13.5 Nascimento do sol invictus — 25 de dezembro

(O dia em que Roma elevou o deus do sol como o falso Messias do mundo)

Sol Invictus ("Sol invicto" ou "inconquistado") foi um culto religioso a uma divindade solar iniciado no Império Romano tardio. No século IV d.C., o festival do nascimento do Sol invicto (Dies Natalis Solis Invicti) indicava que nascia um novo sol que vencia a escuridão e que, a partir do fim do solstício de inverno no calendário juliano (25 de dezembro), os dias passariam a ficar mais longos. Esse festival se celebrava em 25 de dezembro.

O nascimento do novo período de luz, ou nascimento do Sol Invictus, 25 de dezembro, coincidia com a entrada do Sol no signo de Capricórnio (solstício de inverno). O mesmo 25 de dezembro já era uma data de celebração para os romanos. Nessa ocasião, festejava-se o Sol Invictus, um culto à divindade solar associado ao nascimento de Apolo, deus do Sol.

13.6 Mudam o shabbath para o domingo

(Como o poder imperial substituiu o descanso do Criador pelo culto ao sol)

Em 7 de março de 321, o imperador romano Constantino I, o Grande, decretou que o domingo, "venerável dia do sol", mais tarde nomeado pela Igreja Católica como "o dia do senhor", fosse considerado dia de descanso para juízes, plebe e ofícios — "dia de repouso" —, enquanto os camponeses continuariam trabalhando.

13.7 Mudam os nomes dos dias, meses

(A manipulação do calendário divino para impor a adoração pagã)

Mudam os nomes dos dias da semana e dos meses, substituindo-os por nomes pagãos ou de supostos deuses ou demônios, tal como a humanidade os conhece hoje. No início, os dias da semana eram como em português: primeiro dia, segundo etc. O único nome de dia da semana sempre foi o Shabbath, que significa descanso.

Do mesmo modo com os nomes dos meses do ano. Todos, hoje, dando honra a demônios ou deuses pagãos (nefelinos) ou a seus seguidores.

13.8 Substituição das festas bíblicas

(A troca do calendário sagrado por celebrações pagãs disfarçadas de fé)

Todas as festas bíblicas são colocadas no esquecimento e abolidas, e substituídas por festas pagãs ou de demônios. Conseguem criar feriados para todo tipo de demônio ou divindade, afastando completamente a humanidade de tudo o que tenha a ver com Yahuah. Tertuliano: Por nós, para quem os sábados são estranhos, 272 e as luas novas e festividades antigamente amadas por Deus, as Saturnais, as festividades de Ano Novo, de Solstício de Inverno e as Matronais são frequentadas; os presentes vão e vêm; os mimos de Ano Novo; os jogos se unem ao seu ruído; os banquetes se unem ao seu estrondo. Oh, melhor fidelidade das nações à sua própria seita, que não reclama para si a solenidade dos cristãos! Nem o dia do Senhor nem Pentecostes, mesmo que os tivessem conhecido, teriam compartilhado conosco; pois temeriam parecer cristãos. (Tertuliano, Sobre a Idolatria)

Capítulo 14
Babel no livro de Apokálypsis

(O que começou com uma torre termina com um trono... a culminação do engano ancestral)

14.1 A revelação final do sistema babilônico disfarçado de religião e poder.

Alguns ainda não compreendem a magnitude da situação e como o mal se inseriu de modo tal que nos envolve por todos os lados, e o mundo o tem como se fosse deus, na cegueira que leva ao fim. E, se ainda seguimos incrédulos e negamos os fatos apresentados neste escrito e a disseminação dos nefelinos por toda parte, seria bom que víssemos como o último livro das Escrituras dedica tantos versículos e capítulos inteiros aos nefelinos no final dos tempos. A razão da destruição que está por vir para os nefelinos e seus descendentes, e a salvação eterna para os seguidores de Yahuah – Yahusha.

Apokálypsis (Apocalipse) 14:8 — "E outro anjo o seguiu, dizendo: Caiu, caiu Bâbel, a grande cidade, porque fez beber a todas as nações do vinho do furor de sua pornía."

Πορνεία (Pornia): prostituição com outros deuses (incluindo adultério e incesto), idolatria, fornicação.

Apokálypsis (Apocalipse) 16:19 — "E a grande cidade foi dividida em três partes, e as cidades das nações caíram; e a grande Bâbel foi lembrada diante de Êlôhîym, para dar-lhe o cálice do vinho do furor de sua ira."

Apokálypsis (Apocalipse) 17:1–2 — "E veio um dos sete anjos que tinham as sete taças, e falou comigo, dizendo: Vem, e te mostrarei a sentença contra a grande idólatra que está sentada sobre muitas águas; com a qual os reis da terra praticaram idolatria, e os moradores da terra se embriagaram com o vinho de sua pornia."

Apokálypsis (Apocalipse) 17:5 — "E em sua testa havia um nome escrito: Mistério: Bâbel a Grande, a Mãe dos pórni e da idolatria da terra."

Πόρνη (pórni): Uma prostituta, uma idólatra, meretriz, prostituta.

Apokálypsis (Apocalipse) 17:6 — "E vi a mulher embriagada do sangue dos Qâdôsh, e do sangue dos mártires de Yahusha; e, quando a vi, maravilhei-me com grande assombro."

Apokálypsis (Apocalipse) 17:18 — "E a mulher que viste é a grande cidade (babel) que reina sobre os reis da terra."

Apokálypsis (Apocalipse) 18:2 — "E clamou com grande voz, dizendo: Caiu, caiu a grande Bâbel, e se tornou habitação de demon e guarida de todo espírito imundo, e albergue de toda ave imunda e abominável.

Apokálypsis (Apocalipse) 18:3 — "Porque todas as nações beberam do vinho do furor de sua porní a; e os reis da terra praticaram idolatria com ela, e os mercadores da terra se enriqueceram com a abundância de seus deleites."

Apokálypsis (Apocalipse) 18:10 — "Estando de longe, por medo de seu tormento, dizendo: Ai! Ai! daquela grande cidade de Bâbel, aquela forte cidade; porque em uma hora veio o teu juízo!"

Apokálypsis (Apocalipse) 18:21–23 — "E um anjo poderoso tomou uma pedra, como uma grande pedra de moinho, e lançou-a ao mar, dizendo: Com violência será derrubada aquela grande cidade, Bâbel, e nunca mais será achada. E voz de harpistas, e de músicos, e de flautistas, e de trombeteiros não se ouvirá mais em ti; nem artífice de ofício algum se achará mais em ti; nem som de moinho se ouvirá mais em ti; e luz de lâmpada não alumiará mais em ti, nem voz de noivo nem de noiva se ouvirá mais em ti; porque os teus mercadores eram os grandes da terra, pois por tua farmakía foram enganadas todas as nações.

Φαρμακεία (farmakia): medicamento ("farmácia"), isto é, (por extensão) magia (literal ou figurada): feitiçaria, bruxaria."

Apokálypsis (Apocalipse) 18:24 — E nela se achou o sangue dos profetas, e dos Qadôsh, e de todos os que foram mortos sobre a terra.

Apokálypsis (Apocalipse) 19:2 — Porque seus juízos são verdadeiros e justos; pois julgou a grande pórni que corrompeu a terra com sua pornía, e vingou o sangue de seus escravos da mão dela. Pornia (πορνεία): prostituição, adultério e incesto, idolatria, fornicação.

Se esses trechos das Escrituras não são suficientes para produzir uma pausa reflexiva e nos fazer analisar o que vemos ou pensamos conhecer de forma diferente, então seguiremos na cegueira. Contudo, nunca se esqueçam de que somente aqueles a quem Yahuah abre o entendimento poderão compreender as palavras deste livro e assimilá-las como tal.

14.2 Estratégia do Remanescente Nefelino

(A infiltração religiosa e o engano espiritual global)

A estratégia tem sido simples, porém eficaz.

> *Galátis (Gálatas) 2:4 — "E isso por causa de falsos irmãos introduzidos ocultamente, os quais entraram encobertamente para espiar a nossa liberdade que temos em Mâshıyach Yahusha, a fim de nos escravizar."*

> *Yahûdâh (Judas) 1:4 — "Porque certos homens se infiltraram sem perceber, os quais, desde muito, estavam ordenados para esta condenação, homens ímpios, convertendo a graça de nosso Êlôhîym em lascívia, e negando o único Yahuah Êlôhîym, e a nosso Âdônây Yahusha Mâshıyach."*

A estratégia é infiltrar-se nos grupos que servem a Yahuah, fingir piedade, sem o ser. Utilizam os ensinamentos verdadeiros e os alteram, para que as pessoas creiam que suas crenças estão baseadas em Yahuah, quando, na realidade, seguem ensinamentos de demônios. Mas não nos esqueçamos de que o remanescente de Yahuah — a minoria contada — terá seus olhos abertos. Yahuah lhes permitirá ver e discernir a verdade.

O mal e o remanescente nefelino sempre buscarão acabar com os seguidores de Yahuah em toda época; porém, Yahuah decretou libertação e salvação por meio de Yahusha. Nós não queremos entender e preferimos seguir na cegueira. Babel e os nefelinos foram a causa da primeira destruição da terra, e serão também a causa da última. Não foram nem serão os humanos com o ruach de Yahuah, mas a descendência nefelina, que enche toda a terra e que, ao final, se revelará tal como é. Já se questionaram por que Yahusha chamou fariseus e saduceus de "Geração de Echidna"?

Significa geração de demônios, vinculada à deusa grega de mesmo nome. Tudo isto tem sido ocultado para que não compreendamos a verdade.

14.4 A destruição da humanidade

(O fogo profetizado para consumir a obra dos nefelinos).

Sabemos que a humanidade — ou a terra — será destruída mais uma vez, mas desta vez com fogo. Se recordarmos, a primeira destruição foi por água, e sucedeu por causa dos nefelinos, não por causa dos humanos. Yahuah salvou o único bem que restava de Sua criação: Nôach e sua família. Às vezes não nos detemos para pensar que a razão pela qual a humanidade será destruída é a mesma que a anterior, justamente pela mesma causa: a causa dos nefelinos.

Não será por culpa dos humanos criados com o ruach de Yahuah, mas por causa dos humanos que têm o remanescente, o DNA ou gene dos nefelinos, e que continuam povoando e contaminando a criação. De modo que a terra será destruída outra vez — e desta vez, definitivamente.

14.5 O fim se assemelha ao princípio

(O retorno aos dias de Nôach antes do juízo final).

Ao final, o relato é o mesmo e a situação também, apenas em tempos diferentes. A maldade, entranhada no sangue do remanescente dos nefelinos, continua devorando e contaminando a criação de Yahuah, igual ou pior do que nos dias de Nôach. Por isso, estamos regressando aos tempos de Nôach, e então será o fim. Mas este fim será por causa dos nefelinos. Yahusha virá para resgatar ou salvar os filhos de Yahuah, aqueles que levam o chip, gene ou DNA do ruach de Yahuah em suas vidas, antes que o remanescente dos nefelinos nos extermine completamente.

Mattithyâhû (Mateus) 24:37 — "Mas, como os dias de Nôach, assim será a vinda do Filho do Homem. Porque, como nos dias antes do dilúvio estavam comendo e bebendo, casando-se e dando-se em casamento, até o dia em que Nôach entrou na arca; e não perceberam até que veio o dilúvio e os levou a todos, assim será também a vinda do Filho do Homem."

14.6 A esperança final

(O resgate do remanescente fiel de Yahuah).

Os descendentes, o chip ou o DNA dos nefelinos estão entre nós. Povoam a terra, nos cercam com seus ensinamentos e seus filhos, e, muitas vezes, não percebemos. Seguimos pensando que os culpados somos nós, humanos, que levamos o selo do ruach de Yahuah, sem saber que essa tem sido a melhor mentira já contada, criada para nos manter desfocados e impedir que compreendamos a verdade.

Assim, eles podem alcançar seu objetivo: arrastar e corromper a criação de Yahuah em todo momento. São maldosos em sua totalidade, e seu único propósito é levar a criação de Yahuah à perdição.

Mas não devemos temer, porque, ainda que tentem vestir-se como ovelhas, sempre serão lobos vorazes. E, mesmo que se apresentem como anjos de luz, suas ações revelarão quem realmente são. A nós, os puros, que levamos o DNA espiritual de Yahuah, foram dados sabedoria, entendimento e conhecimento para reconhecer os filhos dos nefelinos. Por isso, terminamos por nos apartar completamente do mundo, porque estamos nele, mas sabemos que não é nossa morada. Nós habitaremos com nosso Yahuah Êlôhîym, e Yahusha Ha Mashiyach, nosso Rei eterno. Portanto, as trevas não poderão nos vencer. Ainda que a maldade e os ensinamentos dos nefelinos — os filhos das trevas — nos rodeiem, nunca seremos vencidos. A Luz triunfará sobre as trevas. Seremos resgatados, e eles, completamente exterminados, desta vez por toda a eternidade.

Fílippi (Filipenses) 2:9 — "Portanto, Êlôhîym também o exaltou sobremaneira e lhe deu o Nome que está acima de todo nome; para que ao Nome de Yahusha se dobre todo joelho do que está no céu, e do que está na terra, e do que está debaixo da terra; e toda glóssa confesse que Yahusha Mâshıyach é Âdônây, para glória de Êlôhîym o Pai."

1 Thessalonikéfs (1 Tessalonicenses) 4:16–17 — "Porque o mesmo Âdônây descerá do céu com alarido, com voz de arcanjo e com a trombeta de Êlôhîym; e os mortos em Mâshıyach ressuscitarão primeiro; depois nós, os que vivemos e ficamos, seremos arrebatados juntamente com eles nas nuvens, para encontrar Âdônây nos ares; e, assim, estaremos sempre com Âdônây."

Capítulo 15
A origem do mal e da maldade
(Da rebelião celestial à corrupção e extermínio humano)

O resumo da origem do mal e da maldade não é exatamente o que nos ensinaram ou disseram. É compreensível, porque o propósito da descendência dos nefelinos — ou de Babel — é confundir, e nós facilmente nos deixamos persuadir pelas mentiras dos nefelinos. A verdade é que os desastres que conhecemos na humanidade, e que nos fizeram pensar que os humanos criados por Yahuah foram os responsáveis, não é totalmente verdade.

15.1 O fim dos vigilantes nefelinos.

Embora a humanidade ainda esteja hipnotizada com os vigilantes, seus descendentes os nefelinos, seus filhos os demônios e seus ensinamentos de perdição, seu destino é certo e não há absolutamente nada que possa mudar o resultado. Por isso, eles tentam arrastar consigo a todos que puderem.

Chănôk (Enoc) 14:5 — "E de agora em diante não ascenderão ao shâmayim por toda a eternidade, e nas prisões da terra foi promulgado o decreto para atá-los por todos os dias do mundo."

Chănôk (Enoc) 21:8–10 — "Então eu disse: Quão terrível é este lugar e quão terrível é contemplá-lo! Então Ûrıyêl, um dos anjos qâdôsh que estava comigo, respondeu-me: Chănôk, por que tens tanto medo e espanto? Respondi: Por este lugar aterrador e pelo espetáculo da dor. E ele me disse: Este lugar é a prisão dos anjos, e aqui estarão encarcerados para sempre."

Chănôk (Enoc) 54:6 — "E Mıykâêl, Gabrıyêl, Râphâêl e Phanuêl os tomarão naquele grande dia e os lançarão nesse mesmo dia no forno ardente, para que Yahuah dos ruach os vingue por sua injustiça ao submeter-se ao adversário e desviar os que habitam na terra."

Yôbêl (Jubileus) 5:6 — "E enfureceu-se sobremaneira contra os anjos que havia enviado à terra, e ordenou arrancá-los de todo o seu domínio, e ordenou-nos atá-los nas profundezas da terra; e eis que estão atados no meio deles e se mantêm separados."

Yôbêl (Jubileus) 5:10 — "E seus pais foram testemunhas de sua destruição, e depois disso, ficaram atados nas profundezas da terra para sempre, até o dia da grande condenação, quando se executará o juízo sobre todos aqueles que corromperam seus caminhos e suas obras diante de Yahuah."

O destino final dos Vigilantes foi selado desde o momento de seu pecado. E foram encerrados em prisões escuras onde aguardam o dia do juízo final, quando então serão atormentados eternamente.

Mattithyâhû (Mateus) 13:41,42 — "Enviará o Filho do Homem os seus anjos, e recolherão do seu reino todos os que fazem mal, e os que praticam iniquidade; e lançá-los-ão na fornalha de fogo: ali haverá choro e ranger de dentes."

15.2 A Origem e o Fim do Mal

(A história completa do engano e a redenção final).

15.2.1 A Queda no Princípio

• Gadreel seduz Chawwâh (Eva) a pecar. No Yarden, Gadreel — um dos seres celestiais designados como guardião — enganou Chawwâh a comer do fruto proibido. Assim, entrou o pecado na criação, corrompendo a pureza do homem e abrindo a porta ao engano espiritual (Bereshith 3:1–6).

• Somente os humanos podem procriar com o espírito de Yahuah. O designo de Yahuah foi que unicamente os humanos, feitos à sua imagem, pudessem portar seu ruach (espírito). Os seres celestiais não foram criados para misturar-se com carne mortal (Bereshith 1:27–28).

15.2.2 A Rebelião dos Vigilantes

• Os anjos vigilantes descem e mudam seu propósito para criar descendência. Nos dias anteriores ao dilúvio, os anjos vigilantes desceram ao monte Hermom com o propósito de gerar filhos com as filhas dos homens (Chănôk/Enoc 6:1–6).

• Os anjos vigilantes também foram seduzidos e enganados. Esses seres foram manipulados pelos mesmos espíritos de rebelião, prometendo-lhes poder e domínio na terra.

• Os filhos dos Vigilantes e das mulheres não têm o espírito de Yahuah. A união antinatural deu origem aos Nefelín, gigantes e seres sem alma divina. Eles não foram criados pelo sopro de Yahuah, mas pela mistura de carne e poder celestial corrompido (Bereshith 6:4).

• Os demônios foram produto da união das mulheres com os anjos vigilantes. Ao morrerem os Nefelín no dilúvio, seus espíritos ficaram presos entre mundos, sem corpo nem descanso. Estes são os demônios, que buscam habitar corpos humanos (Chănôk 15:8–10).

• Os demônios foram criados pelos humanos (mulheres) e pelos anjos vigilantes. Não foram obra de Yahuah, mas fruto da corrupção e da rebelião. Por isso, estão condenados até o juízo final (Chănôk 16:1–3).

15.2.3 O Dilúvio e a Purificação da Terra

• O dilúvio veio por causa do pecado dos Nefelín. A terra estava cheia de violência e corrupção. Yahuah decidiu destruir toda carne contaminada pela semente dos Vigilantes (Bereshith 6:11–13).

• O dilúvio foi enviado para salvar os oito humanos que tinham o espírito de Yahuah. Noach e sua família foram os únicos que conservaram pureza genética e espiritual; por meio deles, a humanidade foi preservada (Bereshith 7:1).

• Os Nefelín pereceram no dilúvio e se converteram em demônios.

Seus corpos foram destruídos, mas seus espíritos ficaram errantes na terra, buscando repouso e causando opressão (Chănôk 15:9–12).

• Yahuah pactuou não voltar a destruir a terra com água.

Depois do dilúvio, Yahuah estabeleceu seu pacto com Noach, selado pelo arco-íris como sinal de misericórdia (Bereshith 9:11–13).

15.2.4 O Retorno do Engano depois do Dilúvio

• Uma família nefelina escapou e sobreviveu ao dilúvio. Segundo tradições antigas, um pequeno remanescente contaminado conseguiu permanecer e, após o dilúvio, refugiou-se nas montanhas de Ararat (Turquia).

• O remanescente encalhou em Ararat e estabeleceu-se em Babel. Ali começaram a reconstruir seu domínio, guiados pelas antigas crenças proibidas dos vigilantes.

• Qeynan encontrou os ensinos dos Vigilantes, copiou-os e os ensinou. Qeynan, descendente de Noaḥ, encontrou os escritos ocultos dos anjos vigilantes, reintroduzindo a feitiçaria, astrologia e as artes de corrupção (Jubileus 8:1–4).

• Os ensinos dos Vigilantes são a causa de toda destruição. Deles nasceram as práticas ocultas, os falsos cultos e as ciências que corromperam novamente as nações.

15.2.5 Babel e a Expansão do Mal

• Os Vigilantes (ou seu remanescente) foram os habitantes de Babel. A civilização de Nimrod e Babel retomou a antiga rebelião celestial, buscando alcançar os céus mediante poder proibido (Bereshith 11:1–4).

• Construção da torre de Babel. Representou uma tentativa humano-demoníaca de unir o céu e a terra novamente sob um mesmo governo corrupto.

• Yahuah confunde as línguas e dispersa os nefelinos e seu remanescente. Para frear a expansão do mal, Yahuah confundiu os idiomas e espalhou as nações (Bereshith 11:7–9).

• O remanescente nefelino se espalhou por todas as nações. Suas linhagens contaminadas se infiltraram em distintos povos, levando consigo idolatria, sacrifícios humanos e falsos deuses.

• O remanescente conquistou Sodoma, Gomorra e as cidades vizinhas. Essas cidades foram centros de perversão nefelina, onde o pecado e a mistura alcançaram seu ápice (Bereshith 19).

• Sodoma e Gomorra foram destruídas pelo pecado dos Nefelín. Fogo e enxofre desceram do céu como juízo de Yahuah sobre a corrupção genética e espiritual daquelas terras.

15.2.6 O Governo do Mal em Yâshârêl e no Mundo Antigo

• Os Nefelín deram origem aos Chasmoniym, pais dos filisteus. Deles surgiram povos guerreiros e inimigos do povo de Yahuah, cuja idolatria encheu a terra de sangue.

• Os fariseus, saduceus e essênios são descendentes asmoneanos (nefelinos). Esses grupos religiosos dominaram o templo na era do Segundo Templo, corrompendo a Toráh com tradições humanas.

• Os samaritanos usurpam o templo e mudam o sumo sacerdote. Após a divisão do reino, os samaritanos adotaram seu próprio monte sagrado e sacerdócio falso (Yôchânân 4:20–22).

• Maśṭêmâh ficou como encarregado dos demônios, cabeça do remanescente nefelino. Designado como príncipe dos espíritos malignos, coordena a rebelião espiritual contra os escolhidos (Jubileus 10:8–9).

• Maśṭêmâh não é um demônio, mas um anjo físico, com corpo. Ao contrário dos espíritos impuros, Maśṭêmâh tem forma corporal e só pode manifestar-se em um lugar por vez.

• Maśṭêmâh & Asmodeus habitavam em Mitsrayim (Egito). Egito foi seu centro de poder, onde influenciou reis, magos e sacerdotes em oposição direta a Mošeh e ao povo escolhido.

15.2.7 A Manifestação de Yahusha e a Redenção Final

• *Yahusha enfrenta os grupos nefelinos (fariseus, saduceus, essênios). Durante seu ministério, Yahusha desmascara as elites religiosas que conservavam o sangue e as ensinanças de Babel. "Vocês são do pai de vocês, o diabolos..." (Yôchânân 8:44).*

• *Os fariseus, saduceus e essênios matam Yahusha e perseguem seus discípulos. Assim se cumpriu a antiga inimizade entre a semente da mulher e a semente da serpente (Bereshith 3:15).*

•*Babel é o berço do remanescente dos Nefelín. Desde a antiguidade, Babel representa o sistema espiritual do mal, raiz de toda idolatria e religião falsa (Apokálypsis 17:5).*

•Constantino adota os ensinamentos dos Nefelín e de Babel. Sua religião imperial misturou a fé com as práticas da Babilônia; sua esposa provinha de linhagem babilônica, reforçando a união político-religiosa.

• Os líderes religiosos atuais fazem parte do Sacerdote Malvado. Das mesmas linhagens nefelinas surgiram os sistemas eclesiásticos modernos, herdeiros da corrupção babilônica.

• A religião criada por Constantino é a religião de Babel. Substituiu os nomes sagrados, impôs ídolos e estabeleceu o domínio espiritual de Roma sobre as nações.

• A religião do Império Romano converte-se no novo berço de Babel. Roma perpetuou a obra dos Vigilantes, misturando política, idolatria e controle espiritual global.

• Babel mais uma vez devora a humanidade e a leva à destruição. O mesmo espírito de rebelião domina os sistemas religiosos, econômicos e culturais do mundo atual.

• *A destruição da humanidade vem novamente pelo pecado de Babel e dos Nefelín. 2 Kêph (2 Pedro) 3:7 — "Mas os céus e a terra que existem agora, pela mesma palavra, estão reservados para o fogo, para o dia do juízo e da perdição dos ímpios."*

• *Yahuah–Yahusha resgatará Seu povo e restaurará a criação. Os escolhidos serão libertos da corrupção de Babel e viverão eternamente com Ele, como foi planejado desde o princípio (Apokálypsis 21:3–4).*

Conclusão
Desde a Rebelião até a Redenção

(A história invisível do mal chega ao seu fim...
e a glória de Elyôn resplandece para sempre.)

A história do mal é, na realidade, a história do engano. Desde Gadreel até Maśṭêmâh, desde Babel até Roma, as mesmas raízes nefelinas se manifestaram sob distintos nomes, religiões e poderes. Contudo, o propósito eterno de Yahuah nunca mudou: resgatar Sua criação e estabelecer Seu Reino eterno em justiça.

Os Vigilantes e sua descendência semearam a corrupção, mas Yahuah levantou Yahusha ha Mashíyach para restaurar o que foi perdido. "Porque o Filho do Homem veio buscar e salvar o que se havia perdido" (Lukas/Lucas 19:10). Por meio de Sua morte e ressurreição, Yahusha quebrou a cadeia dos Nefelín, despojou os principados e potestades e triunfou publicamente sobre eles. "E, despojando os principados e as potestades, os expôs publicamente e deles triunfou" (Kolosse/Colossenses 2:15).

O inimigo tentou perpetuar seu linaje por meio dos impérios, da religião e do poder político, mas todo o seu sistema está destinado a cair. "Caiu, caiu Babel, a grande, e se tornou morada de demônios..." (Apokálypsis/Apocalipse 18:2). Assim se cumprirá o destino de todos os que rejeitaram o ruach de Yahuah e seguiram os ensinamentos dos Vigilantes.

Mas os que permanecem em Yahusha serão libertos. Eles

herdarão o Reino prometido, onde não haverá corrupção, nem mistura, nem morte. "E vi um novo céu e uma nova terra... e não haverá mais morte, nem pranto, nem clamor, nem dor..." (Apokálypsis/Apocalipse 21:1–4).

O princípio do mal começou com uma mistura proibida; seu fim será a purificação total. O plano de Yahuah sempre foi redimir, restaurar e habitar com Seu povo. "E ouvi uma grande voz do céu que dizia: Eis o tabernáculo de Êlôhîym com os homens, e Ele habitará com eles; e eles serão o Seu povo, e Êlôhîym mesmo estará com eles e será o seu Êlôhîym." (Apokálypsis/Apocalipse 21:3).

Assim, o relato chega à sua conclusão: o mal teve sua origem, sua expansão e seu domínio; mas também terá o seu fim. Babel cairá, os Vigilantes serão julgados e eternamente atormentados, os Nefelín e os demônios exterminados. Então, Yahusha, o Mashíyach, reinará sobre toda a terra. E os remidos viverão na eternidade como Yahuah planejou desde o princípio: em pureza, verdade e amor eterno.

Apokálypsis (Apocalipse) 20:8–10 — "E sairá a enganar as nações que estão nos quatro cantos da terra, Gôg e Mâgôg, a fim de ajuntá-las para a batalha; o número delas é como a areia do mar. E subiram sobre a largura da terra, e cercaram o acampamento dos Qâdôsh e a cidade amada; e desceu fogo do céu de Êlôhîym, e os consumiu. E o Diábolos, que os enganava, foi lançado no lago de fogo e enxofre, onde está a besta e o falso profeta; e serão atormentados dia e noite para todo o sempre."

Este é o fim claro, preciso, conciso e exato do mal que tem açoitado a raça humana desde os dias antigos. Aqui termina toda rebelião, toda corrupção, todo domínio das trevas.

O adversário, depois de ter sido solto por um breve tempo, sai novamente a enganar as nações demoníacas (nefelinas) — a reunir todos os seus sequazes, os remanentes nefelinos, os espíritos demoníacos que foram encarcerados desde o Dilúvio —, os quais são incontáveis, como a areia do mar.

Este é seu último intento desesperado, seu último intento de rebelião. Juntos, cercam o acampamento dos Qâdôsh (os santos) e a cidade amada, a Nova Yarushaláyim, onde moramos nós, os que fomos remidos e selados em Yahusha Ha Mashiyach.

• Mas não há batalha.

• Não há guerra.

• Não há enfrentamento possível.

O poder de Elyôn não requer espadas nem exércitos: desce fogo do céu de Êlôhîym, e, em um instante, consome todos os espíritos malignos. Sua corrupção os devora por dentro; sua própria natureza caída é sua condenação eterna.

Esses demônios — nascidos da união proibida entre os anjos vigilantes e as filhas dos homens — foram criados em corrupção, e, portanto, são exterminados completamente.

Não há retorno, não há segunda oportunidade: é o fim absoluto do mal, a segunda morte finalmente consumada e concluída. Fim da história.

Somente aqueles seres eternos e imortais que pecaram — os anjos rebeldes, o adversário mesmo, Mastemá, Gadreel, juntamente com a besta e o falso profeta — não são consumidos, mas atormentados pelos séculos dos séculos no lago de fogo e enxofre preparado para eles desde o princípio.

Estes são os que, sendo eternos, pecaram em sua eternidade, e, em sua mesma eternidade, sofrerão o juízo eterno.

• Assim se cumpre toda justiça.

• Assim se sela a sentença divina.

• Assim termina o domínio do mal, e se levanta o Reino eterno e glorioso do Mashiyach; Yahuah, nosso Êlôhîym, reinará para sempre, e Sua luz guiará os remidos por toda a eternidade.

FIM DA HISTÓRIA.

FECHOU-SE O CORTINADO DO MAL.

TODAS AS COISAS COMEÇAM E TERMINAM EM YAHUAH — ELE É O NOSSO PROPÓSITO, A NOSSA PAZ E A NOSSA ETERNIDADE!

Bibliografia

Mason, Kenneth. *The Himalayan Journal* – "The Passing of Mummery." 1931, págs. 11, 14 e 15. Utilizado como contexto histórico sobre as primeiras explorações no Himalaia e seu paralelismo simbólico com a busca espiritual humana.

Advantour. *"Armenia: Geografía."* https://www.advantour.com/es/armenia/geografia.htm Fornece informação geográfica e histórica sobre a Armênia e a região do Ararat, relacionada aos relatos do dilúvio.

Advantour. *"Monte Ararat."* https://www.advantour.com/es/armenia/ararat.htm. Referência para a localização histórica e simbólica do Monte Ararat e sua importância bíblica em Gênesis.

Wikipedia. *"Himalaya."* https://es.wikipedia.org/wiki/Himalaya?variant=zh-cn. Usado para estabelecer detalhes geográficos de montanhas antigas e sua relação com cenários divinos.

Wikipedia. *"Monte Everest."* https://es.wikipedia.org/wiki/Monte_Everest. Artigo detalhado sobre a montanha mais alta da Terra; inclui sua localização, história de ascensões e simbolismo como ponto extremo do mundo antigo.

Wikipedia. *"Amonitas."* https://es.wikipedia.org/wiki/Amonitas. Fornece informação sobre nações bíblicas que se opuseram a Israel, vinculadas à corrupção espiritual.

Wikipedia. *"Moabitas."* https://es.wikipedia.org/wiki/Moabitas. Contexto histórico e genealógico de Moabe, relevante às linhas de rebelião ancestral.

Wikipedia. *"Brujería."* https://es.wikipedia.org/wiki/Brujer%C3%ADa. Explica as práticas antigas e seus paralelos espirituais com os ensinamentos dos vigilantes caídos.

Wikipedia. "Magia." https://es.wikipedia.org/wiki/Magia.

Esclarece as definições antigas e rituais de magia em distintas civilizações.

Wikipedia. *"Morcilla."* https://es.wikipedia.org/wiki/Morcilla. Citado por sua relação histórica com práticas rituais de sangue e paralelos culturais.

Univisión. *"Maquillaje letal: productos de belleza que se usaban y podían causar la muerte."* https://www.univision.com/estilo-de-vida/belleza/maquillaje-letal-productos-de-belleza-que-se-usaban-y-podian-causar-la-muerte. Utilizado para ilustrar a vaidade e os perigos da beleza mortal da antiguidade aos dias atuais.

Vogue México. *"El delineado cat-eye: cuál es su historia."* https://www.vogue.mx/belleza/articulo/delineado-cat-eye-cual-es-su-historia. Fonte sobre o simbolismo histórico da maquiagem dos olhos nas culturas antigas.

GemSelect. *"Significado de las gemas."* https://www.gemselect-spain.com/spanish/other-info/gemstone-meanings.php. Referência sobre os significados simbólicos e ocultistas atribuídos às pedras preciosas.

Tonello. *"Historia del teñido: de los orígenes a nuestros días."* https://inspiring.tonello.com/es/historia-del-tenido-de-los-origenes-a-nuestros-dias/. Utilizado para analisar o simbolismo cultural das cores e tecidos em contextos religiosos antigos.

BibleHub. *"Septuaginta Génesis 10."* https://biblehub.com/sep/genesis/10.htm. Citado para comparações genealógicas e a dispersão das nações após Babel.

Virtual Religion Network. *"El Rollo de Habacuc del Mar Muerto (1QpHab)."* https://virtualreligion.net/iho/1QpHab.html. Usado para compreender as interpretações proféticas e de rebelião encontradas em Qumran.

Wikipedia. *"Equidna (Mitología)."* https://es.wikipedia.org/wiki/Equidna_(mitolog%C3%ADa). Fornece contexto mitológico sobre criaturas híbridas que simbolizam a corrupção.

Wikipedia. *"Saturnales."* https://es.wikipedia.org/wiki/Saturnales. Utilizado para mostrar a origem pagã das festividades romanas posteriormente adotadas por instituições religiosas.

BBC Mundo. *"El origen del Sol Invictus y las fiestas romanas."* https://www.bbc.com/mundo/noticias-59298500. Base para a análise do 25 de dezembro e sua conexão com a adoração ao Sol Invicto.

Wikipedia. *"Sol Invictus."* https://es.wikipedia.org/wiki/Sol_Invictus. Expande os detalhes do culto romano incorporado em tradições imperiais e posteriores.

Wikipedia. *"Sábado."* https://es.wikipedia.org/wiki/S%C3%A1bado. Explica as mudanças históricas na observância do Shabbath e suas implicações teológicas.

El Libro Perdido de Enki. Usado para comparar os mitos mesopotâmicos antigos com os relatos bíblicos da criação e da rebelião.

www.ingramcontent.com/pod-product-compliance
Lightning Source LLC
Chambersburg PA
CBHW071348090426
42738CB00012B/3056